P. Besse

Die Königin Luise von Preußen

Und ihre welthistorische Bedeutung

P. Besse

Die Königin Luise von Preußen
Und ihre welthistorische Bedeutung

ISBN/EAN: 9783743404847

Hergestellt in Europa, USA, Kanada, Australien, Japan

Cover: Foto ©Suzi / pixelio.de

Manufactured and distributed by brebook publishing software (www.brebook.com)

P. Besse

Die Königin Luise von Preußen

Die

Königin Luise von Preußen

und

ihre welthistorische Bedeutung

von

Dr. P. Besse.

> Bei der Königin wurzelte die Abneigung gegen Frankreich auf dem tiefen Grunde einer edlen, durchaus weiblichen Natur. Das hehre Muster einer deutschen Frau, mit allen königlichen und bürgerlichen Tugenden geschmückt, hat sie in den Zeiten des Druckes und der Erniedrigung durch ihr Vorbild mächtig dazu beigetragen, alle edleren Stimmungen zu heben und zu kräftigen.
>
> Häusser.

Köln, 1870.

Verlag von A. Bädeker.

Forschen wir nach der wesentlichsten Ursache des Untergangs des klassischen Alterthums, so finden wir diese in der Stellung der Frauen und dem Mangel an einem gesunden Familienleben. Wie den Griechen überhaupt der Begriff von Menschenrecht und Menschenwürde fremd geblieben, so ist auch ihr Standpunkt in der Beurtheilung des weiblichen Geschlechtes und seines Berufes ein niedriger gewesen; die Frauen sinken um so tiefer in der Würdigung, je mehr sich das politische und geistige Leben der Griechen entwickelt, und zur Zeit des Höhepunktes ihrer Cultur ist die soziale Lage des weiblichen Geschlechtes wahrhaft trostlos, sie ist zu Athen, diesem „Auge von Hellas", von der der Sklaven kaum verschieden. Und auch bei den Römern, welche ursprünglich einer ernsteren und höheren Auffassung von der Würde der Frauen gehuldigt, war in der letzten Zeit der Republik die Ehe ihres unauflöslichen, sacralen Charakters durchaus entkleidet; die ehrwürdige, patrizische Matrone war der emanzipirten Frau der freien Ehe gewichen, die Ehe selbst als eine kaum erträgliche Fessel angesehen, und die Gesetzgebung des Augustus erwies sich ohnmächtig in ihrem Streben, der Verbreitung des Cölibats und des Hetärenwesens einen Damm entgegen zu stellen. In Folge der Zersetzung des Familienlebens war die römische Welt, trotz alles politischen und literarischen Glanzes, allmälig einer sittlichen Verwesung verfallen und hätte unausbleiblich untergehen müssen, wenn nicht das Christenthum gekommen und durch dasselbe eine neue gesellschaftliche Ordnung eingetreten wäre. Hatte das griechisch = römische Alterthum den Beweis geliefert, daß alle Vorzüge des Geistes, wenn ihnen nicht eine sittliche Grundlage zur Seite steht, schließlich die Vernichtung der Völker nicht verhüten können, so stellte nunmehr das Christenthum die sittliche Wiedergeburt des menschlichen Geschlechtes sich zur nächsten und wichtigsten Aufgabe seines culturhistorischen Berufes. Es verkündete die Lehre von der Würde und Gleichheit der Menschen, verurtheilte die Theorie von der Macht des Stärkeren, verdammte die Sklaverei und setzte vor Allem das weibliche Geschlecht in seine Rechte ein. Ist die ganze orientalische und griechisch = römische Geschichte nichts weiter, als eine Bestätigung und Nachwirkung jenes Fluches, der gegen dieses Geschlecht geschleudert worden, so sollte nach der Zeit entsetzlicher Erniedrigung dieses Geschlecht auch wieder zu verdienten Ehren erhoben werden. Deßhalb haben auch die Frauen einen so lebendigen und innigen Antheil an dem Werke der Erlösung genommen.

Und dort auf Golgatha, als Alles jenen zweiten Adam verlassen, da sehen wir gesenkten Hauptes, gedrückt, von tiefstem Schmerze durchbohrt eine Mutter unter dem Balken des Kreuzes stehen, leidend, wie nie ein Weib gelitten. Es war die schwerste, aber auch die letzte Sühne. Von dem erhebenden Bewußtsein durchdrungen, daß mit Christus zunächst auch der Wohlthäter des weiblichen Geschlechtes von der Erde geschieden, und daß dieses Geschlecht der von ihm aufgestellten, durch den Tod besiegelten Lehre seine Befreiung aus Entwürdigung und Sklaverei verdanke, sind bei der Verbreitung des Christenthums vor Allen Frauen und Jungfrauen seine feuerigsten und todesmuthigsten Bekenner gewesen. Die Standhaftigkeit, die Glaubenstreue, die Aufopferung, mit welcher eben sie das Christenthum vertreten, hat die römischen Imperatoren am meisten in Staunen und Bewunderung versetzt.

Doch die römische Welt war nicht der Boden, auf welchem das Christenthum tiefe Wurzeln fassen konnte. Diese Grundlage war zu durchlockert, zu lange und zu tief unterwühlt von einem sittlich entarteten Heidenthum, als daß eine wahrhaft erfolgreiche Verschmelzung des Christenthums mit dem Romanismus möglich gewesen. Nicht die römische Welt war berufen, die lebendigste Trägerin der neuen Religion zu werden, sondern die germanische; die nordischen Barbaren sollten, erzogen und veredelt durch das Christenthum, eine neue Weltordnung herbeiführen. Unter allen Zweigen des indogermanischen Sprachstammes hatten die Germanen noch die edelsten Begriffe von der Frau und ihrer Würde bewahrt. Wir wissen, daß sittliche Reinheit und Familiensinn, Hochachtung und Verehrung der Frauen zu den ältesten und echtesten Zügen des germanischen Charakters gehörten, und daß nach dem Glauben der Germanen die Frauen sogar in einer näheren Beziehung zu den Göttern standen, weil ihnen etwas „Heiliges und Ahnungsvolles" innewohne. Die Treue, die Lauterkeit, die Zucht des Familienlebens, wie es bei den Germanen, im Gegensatze zu der griechisch-römischen Welt, sich erhalten, war sogar auf ernste Römer nicht ohne imponirenden Eindruck geblieben, und wir verdanken dieser Bewunderung germanischer Familientugend eines der schönsten Erzeugnisse der römischen Literatur. Was Wunder, daß das Christenthum bei solcher sittlichen Grundlage, bei solcher Vorbereitung und Anknüpfung vor Allen bei den Germanen einen fruchtbaren, segensreichen Boden fand? Die sozialen Tugenden derselben, ihr reiner Sinn, die Innigkeit ihres ehelichen Lebens haben an dem Stamme des Kreuzes stolz und kräftig sich erhoben, sie haben aus diesem immer grünen, lebendigen Holze neue, frische Nahrung gesogen und so erst eine neue Cultur der Menschheit gegründet. Dabei ist es auch die den Germanen eigenthümliche Tiefe des Gemüthes gewesen, jenes Gemüthes, für welches die Griechen und Römer deßhalb keinen entsprechenden und erschöpfenden Ausdruck haben, weil ihnen die bezügliche Empfindung ferne lag, durch welche die innigste Vermählung des Christenthums mit dem Germanismus geförbert wurde.

Es ist bekannt und steht mit dem Obigen im engsten Zusammenhang, daß es besonders die Mitwirkung von Frauen war, durch welche das Christenthum bei den Franken und Angelsachsen Eingang und Verbreitung fand, daß Frauen bei den Westgothen und Longobarden die Beseitigung des Arianismus herbeiführten, weil mit diesem kalten Arianismus die Wärme des deutschen Gemüthes sich nimmermehr verpaaren konnte, und daß Gregor dem Großen jene welthistorische That: die religiöse Vereinigung aller Germanen nur durch die lebhafte, ausdauernde Unterstützung von Frauen gelungen ist. Und als nach einer Vorbildung und Veredelung von Jahrhunderten endlich zur Zeit der Hohenstaufen dieses Germanenthum zur vollsten und schönsten Entfaltung seines Einklanges mit dem Christenthum gediehen, da mußte, in grellem Gegensatze gegen das griechisch-römische Alterthum, naturgemäß der politische und literarische Höhepunkt des deutschen Reiches mit der höchsten Verehrung des weiblichen Geschlechtes, mit der Zeit des Frauencultus, zusammenfallen. Als der deutsche Kaiser unbestritten als der erste Fürst der Christenheit da stand, und die deutsche Nation sich des gewaltigsten Ansehens unter allen übrigen Nationen Europas erfreute, da war auch die Zeit der

Minne gekommen, dieses zarten, reinen, sehnsuchtsvollen Denkens an die Geliebte, dieser wahrsten und treuesten Liebe des deutschen Gemüthes, einer Liebe, welche vor Allem durch die Kreuzzüge eine neue, erfrischende Nahrung und Weihe erhalten hatte. Damals waren die Frauen die Herzensgebieterinnen, der Mittelpunkt und die Leiter des ganzen gesellschaftlichen Lebens, dem sie Anstand, Zucht und Sitte verliehen, damals kannte der deutsche Ritter außer dem Gottes- und dem Herrendienste nur noch Frauendienst, und die erste klassische Periode der deutschen Literatur hat mit vollem Rechte von dieser innigen Verbindung des Christlichen mit der deutschen Frauenverehrung ihren Namen. Ist doch die ganze Poesie unsers Walther von der Vogelweide nur der lebendigste Ausdruck dieser ganz eigenthümlichen, auf Frauenverehrung fußenden christlich-germanischen Cultur. Das deutsche Kaiserthum sank herab von seiner Höhe und verblutete im Kampfe mit dem Papstthum. Und beide Mächte verfielen zur Strafe für diesen unnatürlichen Widerstreit der Abhängigkeit von einer dritten Macht. Die Päpste, welche durch ihre Aufmunterung und Unterstützung des rebellischen Vasallenthums die Gewalt der deutschen Monarchie gebrochen, ärndteten als Dank für die Förderung, welche sie in Frankreich dem monarchischen Elemente geliehen, die erniedrigendste Unterwerfung unter diese Monarchie und sanken eine Zeit lang herab zu Patriarchen der französischen Könige. Und als endlich nach erschütternden Kämpfen und Krisen, unter denen das Wohl der Kirche im höchsten Grade gefährdet war, das Papstthum durch deutsche Hülfe sich wieder aus den Fesseln des Franzosenthums befreit, da gerieth das deutsche Kaiserthum, wenn auch nicht so rasch, so doch um so nachhaltiger in dieselbe Abhängigkeit von Frankreich. Was die früheren französischen Könige langsam und systematisch vorbereitet, war unter Franz dem Ersten schon so weit gediehen, daß dieser sogar seine Blicke nach der deutschen Kaiserkrone richten konnte. Und diese Kaiserkrone büßte den letzten Schimmer ihres ehemaligen Glanzes ein, als der dreißigjährige Krieg, durch französische Ränke hervorgerufen, genährt und entschieden, die Suprematie Frankreichs über Europa besiegelte. Auch das Papstthum, welches die Lähmung der habsburgischen Macht nicht ungerne gesehen, verfiel aufs Neue französischem Uebermuthe. Ludwig der Vierzehnte ist der vollendete Ausdruck dieser französischen Allgewalt in Kirche, Politik, Literatur und Sprache.

Aber mit dieser Herrschaft des Franzosenthums ist zugleich eine modern-heidnische Cultur, wenn auch mit christlicher Umkleidung versehen, zur Geltung gekommen. Die ganze Geschichte des achtzehnten Jahrhunderts ist, im großen Ganzen betrachtet, Nichts als eine erfolgreiche Reaction gegen die durch das Christenthum und das Germanenthum geschaffene religiös-sittliche Weltordnung. Der positive Glaube ward zuerst erschüttert durch den Skeptizismus, welchem er sich auch am liebsten vergleichen ließ. Bei Napoleon zeigt sich dieselbe Riesenhaftigkeit in der Entwerfung von Plänen und dieselbe kalte Rücksichtslosigkeit in deren Ausführung, derselbe Despotismus, bei sklavenmäßiger Behandlung der Masse, dieselbe Fütterung und Täuschung dieser Masse durch äußere, prunkende Werke und Schauspiele, derselbe Macchiavellismus, der es meisterhaft versteht, ruchloses Wollen und Thun durch schöne Redensarten zu verhüllen, derselbe Haß gegen jede individuelle und nationale Freiheit, gegen alles Aristokratische, mochte es auf Geburt, Gesinnung oder Bildung beruhen. Auf diesen Prinzipien hatte die Herrschaft der römischen Cäsaren ihre Grundlage, auf ihnen fußte auch die bonapartistische Weltbeglückung. Der Gegensatz gegen diesen modernen Romanismus, der unter einem glänzenden äußeren Scheine eine schreckliche innere Armuth, Oede und Verzweiflung verbarg, mußte, besonders auf dem Gebiete des Glaubens und der Sitte, auf deutschem Boden zu Tage treten. Und wenn seit der Gründung und Verbreitung des Christenthums vor Allen Frauen die wirksamsten Trägerinnen der christlich = germanischen Cultur gewesen, so mußte, als von Frankreich aus dieser Cultur die Gefahr der Vernichtung drohte, wiederum eine Frau die Vertreterin derselben sein: und diese Frau war die Königin Luise von Preußen.

Schon vor der Schlacht bei Jena und Auerstädt war Luise der Mittelpunkt der antinapoleonischen Partei am Berliner Hofe gewesen. Sie hatte mit divinatorischem Geiste die tödtliche Adlerkralle Napoleons bei Zeiten geahnt, wenn auch noch nicht klar erkannt. Und wenn im Jahre 1806 Preußen, aufs Schnödeste beleidigt und nachdem es den Kelch der Demüthigung bis zur Neige geleert, endlich zu den Waffen griff, so war es vor Allen Luise gewesen, welche um der Ehre des preußischen Namens willen zu dem Kriege gerathen. An keinem Kriege aber hat Napoleon ein regeres Interesse genommen, als an diesem. Seine persönliche Gereiztheit ist besonders gegen Luise gerichtet. „Wir wollen artig sein und ohne Aufenthalt nach Sachsen marschiren. Eine schöne Königin will, wie man sagt, Zeuge der Kämpfe sein." So lautete seine höhnische Antwort auf das preußische Ultimatum. Luise wurde als Amazone geschildert, wie sie zu Pferde saß und in Dragoneruniform den Kriegsbrand schürte. Und nach der Schlacht bei Jena und Auerstädt war vor Allen Luise die Zielscheibe des Spottes in den napoleonischen Bulletins. Sie, „die Frau von artiger Figur, aber wenig Geist," wurde mit der Helena der Trojaner, Antoinette von Frankreich und mit Karoline von Neapel verglichen, welche gleich ihr ihre Länder ins Verderben gestürzt hätten. Die Königin sollte aber nicht nur dem Spotte Deutschlands preisgegeben werden. Damit sie auch der Verachtung ihres Volkes anheimfalle, wurden Schmähschriften, mit dem kaiserlichen Stempel versehen, in die Welt geschickt, und ein getaufter

Jude, Lange mit Namen, mußte in seinem Telegraphen die unwürdigsten Verläumdungen gegen die Königin verbreiten. Napoleon selber aber konnte es sich in Potsdam nicht versagen, mit roher Hand die Briefschaften der Königin zu durchwühlen. Sie selbst war, von dem Unglücke ihres Landes krankhaft erregt, über Berlin und Stettin nach Königsberg geflohen. Und als sie auch hier vor dem rastlos verfolgenden Feinde nicht mehr sicher war, da hatte sie sich, vom Nervenfieber ergriffen und in Betten gehüllt, bis nach Memel bringen lassen. Alle Hoffnung Preußens und Luisens ruhte noch auf Alexander von Rußland. „Diese herzliche Einigkeit, (zwischen dem Könige und Alexander), schrieb sie, durch unerschütterliche Standhaftigkeit im Unglück begründet, gibt die schönste Hoffnung zur Ausdauer." Alexander hatte einst in nächtlicher Stunde am Grabe Friedrichs des Zweiten und noch vor Kurzem nach der Schlacht bei Jena Preußen und seinem Könige ewige Treue und Freundschaft geschworen, hatte bei der Heerschau zu Kydullen unter Thränen ausgerufen, er wolle mit seinem Verbündeten siegen oder untergehen, und als einzigen Erretter aus schwerer Bedrängniß hatte ihn Luise in Memel mit heißen Thränen empfangen. Aber zum Erstaunen der Welt war nach der Schlacht bei Friedland bei Alexander von Rußland tödtlicher Haß in begeisterte Freundschaft verwandelt worden.

Napoleon hatte es bei seiner Zusammenkunft auf dem

Niemen verstanden, Alexander auf seine Seite zu ziehen und ganz für sein Interesse zu gewinnen. Geschlossen war der Bund zwischen Slaventhum und Romanenthum, zwischen asiatischem Barbarismus und französischem Despotismus, und „zu keiner Zeit, wie Häusser sagt, stand das Dasein der abendländischen Welt in ihrer eigenthümlichen und mannigfaltigen Art ernster in Frage als jetzt; es war eine furchtbare Probe, die der innern Lebenskraft dieses Welttheils gestellt ward." Preußen und mit ihm das Schicksal Deutschlands lag in der Hand Napoleons. Luise hatte bereits früher den Gedanken gefaßt, mit ihren Kindern nach Riga zu fliehen. Sie will „mit Ehren untergehen, auf dem Wege des Rechtes leben, sterben und, wenn es sein muß, Brod und Salz essen." Da brachte sie ihrem Manne und ihren Kindern, um anderseitigen Vorstellungen zu genügen und den Beweis zu liefern, wie kein Akt der Selbstverläugnung ihr zu schwer sei, noch ein letztes, furchtbares Opfer. „Welche Ueberwindung es mich kostet, das weiß nur Gott," sagte sie unterwegs, als sie, die tief Gekränkte, sich zur Zusammenkunft mit Napoleon begab. Sie sollte einen erträglichen Frieden für Preußen erzielen. Da waren nun die beiden Gegensätze der heidnisch-römischen und christlich-germanischen Welt, wie nie zuvor, einander persönlich gegenüber gestellt. Hier Selbstsucht und Selbstvergötterung, dort sich selbst vergessende Hingebung und Aufopferung; hier Menschenverachtung, dort Menschenliebe;

hier Genie, dort Tiefe des Gemüthes; hier prosaische Berechnung, dort poetische Seelenstimmung; hier Realismus, dort Idealismus; hier Fatalismus, dort lebendiger Glaube an Christus und eine höhere Leitung der menschlichen Dinge. Luise benahm sich Napoleon gegenüber mit imponirender Würde. Er selbst hat darüber auf St. Helena das ehrendste Zeugniß aufgestellt: „Die Königin blieb trotz meiner Gewandtheit und aller meiner Mühe stets Herrin der Unterhaltung und mit so großer Geschicklichkeit, daß es unmöglich war, darüber unwillig zu werden." Gleichwohl war es sein fatalistischer Entschluß, sich nicht beeinflussen zu lassen. Was von der Befürchtung Talllerands erzählt wird, traf nicht zu: Soll die Nachwelt sagen, daß Sie einer schönen Frau wegen Ihre größte Eroberung zu benutzen aufgegeben? Hohn zu dem Unglücke fügend, betonte Napoleon im Frieden zu Tilsit die Erklärung, er lasse den Rest des preußischen Staates nur bestehen aus Achtung vor dem Kaiser aller Reussen. Und mit demselben unritterlichen Sinne rühmte er sich später Josephinen gegenüber, die Bitte Luisens um Rückgabe Magdeburgs barsch zurückgewiesen zu haben, denn „Festungen seien keine Spielzeuge für Damen". So verfehlte die Zusammenkunft mit Napoleon ihren nächsten politischen Zweck, und sie sollte ihn verfehlen, um einem weit höheren zu dienen. Seit auch der Staat Friedrichs des Großen untergegangen, war das Bitterste für Deutschland erfüllt. Die Nation hatte jetzt zu zeigen, ob sie noch Lebensfähigkeit besaß und ihre Fortdauer verdiente. In der That beginnt mit dem Frieden zu Tilsit eine neue Epoche des preußischen Staates. Luise entfaltet seit diesem Frieden, welcher die tiefste Schmach und Erniedrigung Preußens besiegelt, und von dem selbst ein Franzose gesagt, „nie habe die materielle Gewalt kecker über die Grundsätze von Recht und Billigkeit verfügt, nie eine menschliche Macht willkürlicher über die Geschicke der Völker disponirt," erst recht die ganze Größe ihres Geistes und Gemüthes. Wie das Unglück niedrige Naturen nur noch tiefer erniedrigt, so werden edle durch dasselbe noch mehr veredelt. Luise wächst, je wuchtiger die Schläge des napoleonischen Despotismus Preußen treffen wollen; erst im Unglück sind die Eigenschaften dieser wahrhaft königlichen Frau zur vollen Reife gediehen. Der Eindruck des Friedens auf den König war vollständig überwältigend. Schon an und für sich eine etwas in sich gekehrte, zu ernster Betrachtung des Lebens geneigte Natur, ein Mann, welcher bei seinem empfänglichen Gemüthe die Eindrücke seiner Jugend nimmermehr verwischen konnte, hatten die Schlachten bei Jena, Auerstädt und Friedland, die von Napoleon ihm persönlich zugefügten Kränkungen, die Resultatlosigkeit der Begegnung Luisens mit Napoleon, der entsetzliche, furchtbar nagende Gedanke, wie man, schlecht berathen, seine edle Frau in einer politischen Rührscene hatte herabgewürdigt, den König derart niedergedrückt, daß er, um das Schicksal zu versöhnen und von seinem Lande abzuwenden, geneigt war, in den Privatstand zu treten. Da war es Luise, welche, wo Alles am Vaterlande und einer besseren Zukunft verzweifelte, die ganze Spannkraft und den ganzen Heroismus ihres Wesens entfaltete, einen Heroismus, wie wir ihn auch sonst in der Geschichte große weibliche Charaktere bekunden sehen. Hatte sie früher einer etwas überschwenglichen, zu idealen Anschauung der Verhältnisse gehuldigt und sich in Bezug auf das Wesen der preußischen Monarchie, ihre Festigkeit und Widerstandsfähigkeit einer Täuschung hingegeben, so hatte sie bei ihrer thränenreichen Flucht nach Memel eine ganz andere Einsicht in die Lage der Dinge, in die deutschen Verhältnisse und die Ursachen der raschen Zertrümmerung des preußischen Großstaates gewinnen müssen. Wie kein Mann ihrer Zeit hat diese Frau die historische Berechtigung und Nothwendigkeit der französischen Revolution und des Napoleonismus erkannt. Sie spricht sich hierüber in den Briefen, welche sie nach dem Tilsiter Frieden geschrieben, mit aller Offenheit aus. Während sie ihrer frommen Ergebung ins Unglück, ihrem „lohnenden Gefühle", durch die Begegnung mit Napoleon zu Tilsit „ihre Pflicht als Gattin dem Könige, als Mutter ihren Kindern, als Königin dem Volke" gegenüber erfüllt zu haben, rührenden Ausdruck gibt, legt sie zugleich ein unumwundenes Bekenntniß darüber ab, wie die Monarchie Friedrichs des Zweiten ihr Schicksal bei

Jena und Auerstädt verdient, „denn alle Schuld rächt
sich auf Erden," wie man seit jenem Könige in Preußen
sich einem unverantwortlichen Gefühle der Sicherheit und
Unüberwindlichkeit ergeben und in maßloser Ueberhebung
„auf den Lorbeeren eingeschlafen", die jener König ge-
ärndtet. „Es wird mir immer klarer, schreibt sie, daß
Alles so kommen mußte, wie es gekommen ist. Die
göttliche Vorsehung leitet unverkennbar neue Weltzustände
ein, und es soll eine andere Ordnung der Dinge werden,
da die alte sich überlebt hat und als abgelebt in sich
selbst zusammenstürzt. Wir sind mit der Zeit nicht
fortgeschritten, und deßhalb überflügelte sie uns. Von
Napoleon können wir Vieles lernen, und es wird nicht
verloren sein, was er gethan und ausgerichtet hat. Es
wäre Lästerung, zu sagen, Gott sei mit ihm; aber offen-
bar ist er ein Werkzeug in des Allmächtigen Hand, um
das Alte, welches kein Leben mehr hat, zu begraben.
Der Napoleonismus ist die schmerzliche Bahnung des
Weges zu einem besseren Ziele. Er wird von kurzer
Dauer sein. Ich finde Trost, Kraft und Muth in dieser
Hoffnung, die tief in meiner Seele liegt. Ist doch
Alles in der Welt nur Uebergang. Wir müssen durch."
So bestimmt spricht sich die Königin über die Nothwen-
digkeit durchgreifender Reformen aus. Ja, Reform auf
dem ganzen Gebiete der Staatsverwaltung, war jetzt ihr
Loosungswort, und mit Entschiedenheit ging sie ans
Werk. Auf wen aber richtete Luise ihr Auge, als sie

das Bedürfniß einer gründlichen Umgestaltung erkannt hatte? Es war „des Guten Grundstein, des Bösen Eckstein, der Deutschen Edelstein", wie ihn schon seine Zeitgenossen genannt. Freiherr vom Stein entstammte einem echt germanischen, fränkischen Geschlechte; und mit der Reformation des preußischen Staates durch diesen Staatsmann wird „die preußische Nation" Friedrichs des Zweiten, welche Napoleon bei Jena und Auerstädt so jämmerlich zertrümmert, in eine deutsche umgewandelt. Stein, welcher schon früh die Ueberzeugung gewonnen, daß, wenn überhaupt Deutschland wieder zu politischer Verjüngung gelangen sollte, dies nur durch das Geschlecht der Hohenzollern geschehen könne, war, von diesem patriotischen Gedanken geleitet und begeistert von den Thaten des alten Fritz, in den Dienst des preußischen Staates getreten. Doch schon vor der Schlacht bei Jena waren seinem Blicke die tiefen Mängel der damaligen Verwaltung nicht entgangen. Mit Luise und dem Prinzen Louis Ferdinand Hauptvertreter der antinapoleonischen Partei am Berliner Hofe, hatte er wiederholt und nachdrücklich seine warnende Stimme dem Könige gegenüber erhoben. Noch kurz vor der Schlacht bei Jena, im Mai 1806, ließ er durch Luise dem Könige eine Denkschrift unterbreiten, in welcher die Schäden der höheren Verwaltung rückhaltslos offen gelegt, auf Abschaffung des verderblichen Kabinetsraths gedrungen, und die Grundsätze einer allgemeinen Reform entwickelt waren.

2*

„Die neue Staatsverwaltung kann nur durch die Entfernung der Mitglieder der alten Zutrauen erlangen, da diese in der öffentlichen Meinung sehr tief gesunken und zum Theil mit Verachtung gebrandmarkt sind. Sollten Seine Königliche Majestät sich nicht entschließen, die vorgeschlagenen Aenderungen anzunehmen, sollten Sie fortfahren, unter dem Einflusse des Kabinets zu handeln, so ist es zu erwarten, daß der preußische Staat entweder sich auflöst oder seine Unabhängigkeit verliert, und daß die Achtung und Liebe der Unterthanen ganz verschwinden. Die Ursachen und die Menschen, die uns an den Rand des Abgrunds gebracht, werden uns ganz hineinstoßen." Aber seine prophetische Stimme wurde nicht gehört. Stein wurde durch ein Handbillet von zwei Zeilen entlassen, als ein „widerspenstiger, trotziger, hartnäckiger und ungehorsamer Staatsdiener, der, weit entfernt, das Beste des Staates vor Augen zu haben, nur aus Leidenschaft und persönlichem Hasse und Erbitterung handle", und er wäre beinahe ins Gefängniß gewandert. Nach seinem Lahngau zurückgekehrt und voll Unwillen über die ihm widerfahrene Behandlung, hatte diesen Mann mit einer Feuerseele die Schmach von Tilsit aufs Krankenlager geworfen. Da erging an ihn der Ruf der Königin. Stein schwankt keinen Augenblick. Wiewol noch fieberbehaftet, rafft er sich auf vom Krankenlager und eilt zweihundert Meilen weit nach der Memel, um der Regenerator Preußens zu werden.

Stein fand die Königin, wie er schreibt, „weich und wehmüthig, voll Besorgnisse und voll Hoffnung". Und dieser hoffnungsvolle Zustand mußte die ganze Thatkraft des Mannes um so mächtiger entzünden, je mehr er auch darin ein echter Germane war, daß ihm eine ganz unvergleichliche Tiefe des Gemüthes innewohnte. Vor Allem war Stein ein Verehrer von Frauenhoheit und Frauenwürde. Und diese Verehrung war nicht nur in seinem Wesen, sondern auch in seiner Erziehung begründet, sie war so tief mit seinem Bewußtsein verwachsen, daß er gelegentlich erklärte: „Ohne meine fromme Mutter und meine ebenso fromme und gute Schwester hätte ein Erzbösewicht aus mir werden können."

Mit fast dictatorischer Gewalt durch Vermittelung der Königin versehen, unternahm Stein die Umgestaltung der preußischen Verwaltung. Er wollte, wie er sagt, „in der Nation einen sittlichen, religiösen und vaterländischen Geist pflanzen, ihr wiederum Muth, Selbstvertrauen und Ehre einflößen, um mit der so erneuten, wiedergeborenen, tüchtig erzogenen den Kampf für diese höchsten Güter zu wagen." „Es kam darauf an, so heißt es in seinem politischen Testament, die Disharmonie, die im Volke stattfindet, aufzuheben, den Kampf der Stände unter sich, der uns unglücklich machte, zu vernichten, gesetzlich die Möglichkeit aufzustellen, daß Jeder im Volke seine Kräfte frei in moralischer Richtung entwickeln könne; und auf solche Weise das Volk zu nöthigen,

König und Vaterland dergestalt zu lieben, daß es Gut und Leben ihnen gerne zum Opfer bringe." Es war die Arbeit eines Herkules, welcher Stein sich unterzogen; und nur ein Mann mit seiner redlichen Gesinnung, seiner Entschiedenheit, seinem „Gradaus und Grabdurch", wie sein Grundsatz war, nur ein Mann, der, wie Stein, Menschenfurcht nicht kannte, war im Stande, den Stall des Augias zu fegen, mit dem man den damaligen preußischen Staat verglichen hat.

„Alles fürs Volk, aber Nichts durch das Volk", war der Grundsatz des „aufgeklärten Despotismus" gewesen, dem auch Friedrich der Große gehuldigt. „Im Allgemeinen besitzen nur Edelleute Ehre und Ehrgefühl; und deshalb müssen, wo immer möglich, alle Offizierstellen dem Adel vorbehalten werden." Aber wie hatte dieser Adel, diese bisherige Stütze des Thrones, das Gesetz der Pflicht und der Ehre vertreten? In unerhört schmachvoller, in der Geschichte beispielloser Weise hatte er die Festungen an die Franzosen verrathen, während jener „Pfahlbürger", der alte Joachim Nettelbeck, zur Bewunderung der Feinde Kolberg für seinen König vertheidigte. „Ein neuer Schimpf, schrieb damals von Chamisso, haftet auf dem deutschen Namen. Es ist vollbracht, das Schmähliche". Die Geringschätzung und Verachtung, mit welcher der Adel bis dahin auf Bürger und Bauer, „den gemeinen Mann", herabgesehen, war einer verdienten, beschämenden Nemesis verfallen. „Nur durch das ehren=

feste Volk und den biedern Bürger und den schlichten Landmann kann es vielleicht besser werden". So hatte Friedrich Wilhelm mit Recht gesagt. Denn das Volk war in seinem tiefsten Kerne noch physisch und sittlich gesund. Es war nur nöthig, dieses bis dahin verachtete, nur zum Kriegsdienst und zum Steuernzahlen mißbrauchte Volk, das man nicht zu verwenden verstanden, in seinem Werthe zu erkennen, zu seinem Bürgerrechte zu erheben, ihm die Freudigkeit eines selbständigen, freien Schaffens und Wirkens zu geben, und so jene nationale, alle Schichten durchdringende patriotische Gesinnung zu schaffen, deren Mangel vorzüglich Preußen und Deutschland an den Rand des Verderbens gebracht hatte. Befreiung des Bauernstandes von den Fesseln der Leibeigenschaft und des Feudalismus, Emanzipation der Bürger von allen Beschränkungen des Zunftwesens, städtische Selbstverwaltung und freie Wahlen, gleiche Besteuerung für alle Stände, Vernichtung aller Privilegien, individuelle und bürgerliche Freiheit in der monarchischen Einheit, das waren die Grundlagen, auf denen Stein den Neubau des Staates bewerkstelligte. Er ging hierbei auf altgermanische Grundsätze zurück und trug in unsern Staat, welcher bis dahin in seiner Verwaltung manches Slavische vertreten, echt deutsche und volksthümliche Elemente. Während er eine strenge Sonderung der Justiz von der Verwaltung herbeiführte, an die Stelle der Aristokratie der Geburt und des Adels die der Arbeit und des Ver=

dienstes setzte, während er die Einwirkung des Staates auf die Gemeindeverwaltung nur so weit gelten ließ, als es der monarchische Organismus erheischte, ging er vor Allem von der Ueberzeugung aus, daß besonders durch Unterricht und Bildung ein neuer, frischer Geist in die Masse des Volkes gebracht werden müsse.

Stein war es, welcher die großartige Reform des Schweizers Pestalozzi auf dem Gebiete des öffentlichen Unterrichtes, eine Reform, welche „die Selbstthätigkeit des Geistes erhöhe, den religiösen Sinn und alle edleren Gefühle des Menschen errege und den Hang zum Leben im Genuß mindere", in der fruchtbarsten Weise für Preußen verwerthete und zu einer Zeit, wo im übrigen Deutschland die unteren Stände noch unter dem Drucke tiefer Unwissenheit lebten, Preußen in der That zu einem Vorkämpfer für Volksbildung und Wissenschaft erhob. Zugleich verstand er es, andere hochbegabte Männer in gleichem Sinne zu begeistern. Damals hauchte ein Wilhelm von Humboldt, der geniale Sprachforscher, der „Staatsmann von Perikleischer Hoheit des Sinnes", dem preußischen Unterrichtswesen von seinen untersten bis zu den höchsten Stufen jenes freudige, frische Leben und Streben ein, in dessen Betrachtung wir heute noch so gerne verweilen. Und als den Höhepunkt dieser großartigen pädagogischen Bestrebungen können wir die Stiftung der Berliner Universität betrachten, wo Friedrich August Wolf und Boeckh eine neue Epoche der Alterthumswissenschaft gründeten.

Was Stein auf dem Gebiete der Civilverwaltung anbahnte und leistete, das schuf ein zweiter Mann, wie er, aus echt deutschem Blute, auf dem Boden des Militärwesens. Scharnhorst, jener Bauernsohn aus dem alten Sachsenlande, war mit Stein durch die Bande der edelsten Freundschaft vereinigt. Er war, wie Stein, ein Mann reich an großen Ideen, von tiefstem Gemüthe, von glühendem deutschen Patriotismus, „der, ob alle Welt auch teufelt, nie am Vaterland verzweifelt," und kannte, wie Stein, in der Durchführung dessen, was er einmal als wahr erkannte, keine Rücksicht und keine Menschenfurcht. Man hat ihn den Waffenschmied der deutschen Freiheit genannt; und nach dem einstimmigen Urtheile von Kennern hat Scharnhorst unter den damaligen Verhältnissen das Beste und Großartigste geleistet. Was die preußische Armee geworden, verdankt sie ihm. Denn auch auf dem Gebiete des Militärwesens stand damals Preußen noch auf dem längst überwundenen, von der Zeit verurtheilten Standpunkte Friedrichs des Zweiten. Der gewöhnliche Soldat wurde für kaum etwas mehr betrachtet, als für eine willen= und seelenlose Sache, er war durch eine rohe, brutale Behandlung, durch Spießruthen und Stockprügel niedergedrückt und niedergehalten. Ein solches Söldnerheer von „Kerlen" und „Bauernlümmel," ohne Menschen= und Bürgerbewußtsein, mußte von den Franzosen, welche die Ideen des Jahres 1789 durchglühten, zu Paaren getrieben werden.

Scharnhorst verfolgte nun auch hier das Prinzip der Gleichheit in Pflichten und in Rechten. Er stellte zuerst den Grundsatz allgemeiner Dienstpflicht, ohne Unterschied des Standes auf. Ein nationales Heer sollte geschaffen werden, und in diesem nationalen Heere sollte nicht die Geburt, sondern nur das Verdienst und die sittliche Tüchtigkeit zu den Offizierstellen bis in die höchsten Grade befähigen. Er trug die Errungenschaften und Fortschritte, welche seit der französischen Revolution auf dem Gebiete des Militärwesens, und zwar besonders durch Napoleon, gemacht waren, auf preußische Verhältnisse über und brach so vollständig und so erfolgreich mit der Vergangenheit, daß unter seiner Verwaltung als Kriegsminister der preußische Staat auch in militärischer Hinsicht zu einem ganz neuen, echt deutschen umgestaltet wurde. Ja, auch die Idee der Gründung einer Landwehr ist zuerst in dem schöpferischen Geiste Scharnhorst's entsprungen, eine Idee, welche bald nachher so fruchtbar und segensreich in ihrer Verwirklichung für Deutschland werden sollte.

Wer war es nun aber, der diese beiden, für Preußen rastlos thätigen Männer in ihrem Streben ermunterte, ihnen die Beharrlichkeit und Ausdauer verlieh, trotz aller Schwierigkeiten und Hindernisse auszuhalten, die Vorurtheile, mit denen sie zu ringen hatten, zu verachten, der am Hofe noch immer mächtigen und ob der Reformen erbitterten feudalen Partei die Spitze zu bieten? Es war die Königin Luise. Ihr Lesekabinet und ihr abendlicher Cirkel war der Vereinigungspunkt der Patrioten. Dort wurden die einzuführenden Reformen berathen und beschlossen; und die Königin war es, welche die Genehmigung dieser Reformen bei Friedrich Wilhelm durch ihre Gedulb und Ausdauer, durch das Gewinnende und Ueberzeugende ihrer patriotischen Hingebung zu erzielen wußte. In dieser Beziehung war die Luisen gestellte Aufgabe eine äußerst schwierige. Denn der König, welcher seit 1806 fast alles Selbstgefühl verloren, war seinem ganzen Wesen nach bestimmten, entschiedenen Maßnahmen abgeneigt; und am Wenigsten konnte ihm das durchgreifende, leidenschaftlich heftige Auftreten Steins behagen, dessen redlicher Gesinnung diplomatische Formen ein Gräuel waren. Indessen Luise besiegte alle Antipathien, sie war, milbernd, ausgleichend und versöhnend, die unermüdliche Vermittlerin zwischen ihrem Manne und den beiden thatkräftigen Ministern.

Auch darin befand sie sich mit ihnen auf demselben Standpunkte der Einsicht und Ueberzeugung, daß sie, die gebildetste Frau ihrer Zeit, die einen Goethe zu würdigen verstand, die von den Schöpfungen eines Schiller begeistert war, die den patriotischen Freimuth eines Jean Paul bewunderte, vor Allem in der besseren Bildung des Volkes einen Haupthebel der Verjüngung unsers Staates erkannte.

„Wie gut er es mit der Menschheit meint! schrieb

sie über Pestalozzi. In der Menschheit Namen dank' ich ihm." Mit Rührung las sie dessen Volksroman: Lienhardt und Gertrud. Sie wollte dem „edeln Manne gern mit Händedruck und mit Thränen in den Augen dafür danken." Deßhalb unterstützte sie besonders die Berufung von Lehrern, welche nach Pestalozzi gebildet waren, und der Besuch der Schulen in Memel und Königsberg war für sie eine der liebsten Beschäftigungen. Dort konnte sie sich so recht erbauen an den Fortschritten der Kleinen, sowie sie auch bei der Erziehung ihrer eigenen Kinder und zunächst des Kronprinzen vor Allem die geistige Bildung in den Vordergrund stellte. Aber nicht nur in den Schulen, auch in anderer Hinsicht trat die Königin dem Volke näher. Sie stieg herab in die Häuser der Bürger, in die Hütten des Landmanns und folgte betrachtend und forschend dem stillen, verborgenen Leben dieser Stände, zu denen die in der höheren Gesellschaft seltenere Treue und Biederkeit ihre Zuflucht genommen. Sie wollte keine Königin von Junkern sein; und bei der Taufe der Prinzessin Luise waren neben Deputirten des Adels auch Vertreter des Bürger- und Bauernstandes als Pathen geladen. Da aber dieser Bürger- und Bauernstand die furchtbaren Lasten der französischen Kontribution zu tragen hatte, und das Land unter dem Drucke der fremden Garnisonen seufzte, so ging die Königin dem ganzen Volke voran als ein Muster der Einfachheit und Entsagung. Und Wirthschaftlichkeit hatte sie schon in der Jugend gelernt. Während sie das goldene Tafelgeschirr, ein Erbstück der Ahnen, das Silberzeug und selbst ihre Brillanten veräußern ließ, um einen Theil der Kriegssteuern an Frankreich zu zahlen, entfaltete sie überhaupt in der königlichen Haushaltung die größtmögliche Sparsamkeit. In manchem bürgerlichen Hause lebte man nach dem Urtheile von Zeitgenossen besser, als an der königlichen Tafel. „Mit dem Weine wurde gegeizt," und so thätigen, so opferwilligen Antheil an den Lasten und Leiden des Volkes nahm die königliche Hausfrau, daß sie es in ihrem nächsten Familienkreise mitunter an dem Nothwendigsten gebrechen ließ. Damals schrieb sie an ihren Vater: „Für unsere Kinder mag es gut sein, daß sie die ernste Seite des Lebens schon in ihrer Jugend kennen lernen. Wären sie im Schooße des Ueberflusses und der Bequemlichkeit groß geworden, so würden sie meinen, das müsse so sein, daß es aber anders kommen kann, sehen sie an dem ernsten Angesicht ihres Vaters und den öfteren Thränen ihrer Mutter". Sie war es auch, welche aus Sparsamkeitsrücksicht den König veranlaßte, den Sommer hindurch eine Wohnung auf dem Lande zu beziehen. Und dort auf den Hufen bei Königsberg wohnte sie mit Mann und fünf Kindern in einer so bescheidenen ländlichen Wohnung, daß der Raum für die Familie kaum ausreichte. Aber wol nie in seinem Leben hat Friedrich Wilhelm der Dritte einen so schönen, seinem Herzen so wohlthuenden Geburtstag gefeiert, wie 1808 inmitten der schlichten und braven Landbewohner. Ueberhaupt war jenes stille, an Entsagung, aber auch an Liebe reiche Familienleben für Friedrich Wilhelm in den Tagen der Noth und Bedrängniß eine Quelle unersetzlichen Trostes und Segens.

Friedrich Wilhelm besaß zwar persönlichen Muth und militärischen Scharfblick, aber er war als König einer so ernsten, energische Charaktere gebieterisch fordernden Zeit nicht gewachsen. Sein Mangel an Entschiedenheit und Selbstvertrauen, sein schwankendes und unbestimmtes Wesen, das sich sogar in seiner Ausdrucksweise kundgab, ist manchmal für das große vaterländische Ganze von nachtheiligen Folgen begleitet gewesen. Aber er besaß als schönen Ersatz dafür die Tugenden eines Privatmannes. Er war, um mit Luisen zu reden, „einfach und bieder," dabei fromm und sittlich rein. Und darin liegt seine echt **deutsche**, weltgeschichtliche Bedeutung, daß er die Hoheit Luisens in ihrem ganzen Werthe würdigte und ein vortrefflicher Gatte war. Ohne diese persönlichen Eigenschaften des Königs wäre für die Entfaltung der Frauengröße Luisens nimmermehr der Raum gewesen. Das Beispiel, welches das private Leben Friedrich Wilhelms des Dritten gab, die Reinheit und Zucht seines Familienlebens, diese Grundveste der Wohlfahrt eines Staates, steht in eben so grellem als wahrhaft erhebendem Gegensatze gegen das Treiben an den übrigen Höfen

Europas in damaliger Zeit, es steht auch in segensreichem Gegensatze gegen das Leben an den Höfen seiner beiden Vorgänger. Die Stellung Friedrichs des Zweiten zu dem weiblichen Geschlechte war schon früh getrübt. Schon als junger Mann hatte er das Bekenntniß abgelegt: „Ich verachte das weibliche Geschlecht", und seine unglückliche Gemahlin hat sein Herz nie besessen. Der damaligen höheren Berliner Gesellschaft fehlte durchaus der sittigende Einfluß edler Häuslichkeit. „Eine totale Sittenverderb=niß, schrieb der englische Gesandte Malmesbury, be=herscht beide Geschlechter aller Klassen." Ueber das Familienleben seines Nachfolgers aber muß der preu=ßische Patriot leider einen dichten Schleier werfen. Unser Friedrich Wilhelm lebte unter Eindrücken und Erfah=rungen, welche sein sittliches Zartgefühl aufs schmerz=lichste berührten. Und vielleicht ward gerade in dieser traurigen Jugendzeit der Keim zu jener Schwermuth bei Friedrich Wilhelm gelegt, die ihn sein ganzes Leben nicht verlassen hat. Der Bund, den er selber mit Luise geschlossen, war auf Einklang der Gesinnungen und reine, uneigennützige Neigung und Liebe gegründet. Die hohe und schlanke Gestalt, die anmuthsvolle Haltung Luisens, der edle Ausdruck ihres Antlitzes, welcher die Klarheit ihres Geistes und die Güte ihres Wesens stralend wieder=gab, hatten selbst Goethe bezaubert. Er sagt in seiner Campagne: „Wirklich konnte man in diesem Kriegsgetümmel die beiden jungen Damen (Luise und ihre Schwester) für himmlische Erscheinungen halten, deren Eindruck auch mir niemals erlöschen wird". Das war ein fürstliches Ehepaar in des Wortes schönster Bedeutung. In dem stillen, gemüthlichen Paretz verbrachte Friedrich Wilhelm ein wahrhaft idyllisches Leben mit seiner jugendlich blühenden Gattin, „dieser Fürstin der Fürstinen", wie Friedrich Wilhelm der Zweite sie nannte. Und als er König geworden, da wirkte das musterhaft einfache und sittlich reine Familienleben, wie Friedrich Wilhelm es an seinem Hofe entfaltete, höchst veredelnd und regenerirend auf die kranken sittlichen Zustände der Berliner Welt. „Man kann sich jetzt, (1841) sagt der alte Schadow, ein ernster Sittenrichter, gar nicht mehr vorstellen, wie wohlthätig auf solche Ueppigkeit (der vorigen Regierung) das Beispiel Friedrich Wilhelms des Dritten kam, die stille Häuslichkeit und die Bravheit der Königin." Luise begleitete den König auf seinen Reisen, sie zeigte sich mit ihm dem Lande und verlebte nicht gerne einen Tag ohne ihn. Sein Wunsch war für sie Befehl. Die würdige Haltung des Berliner Hofes war auch damals für unsern Stein, diesen echten, idealisirten Ritter des Mittelalters, der über Hardenberg deßhalb ein so hartes Urtheil gefällt, weil ihn dessen sonstige Neigungen empörten, der nicht einmal ein zweideutiges Wort in seiner Gegenwart duldete, ein Hauptbeweggrund gewesen, „diesem sittlich edeln Hofe", wie er ihn nannte, seine Dienste zu widmen.

Innerhalb eines Jahres war so Preußen in administrativer, militärischer und cultur=historischer Hinsicht überhaupt gänzlich umgestaltet. Und diese Umgestaltung war erfolgt auf ganz natürlichem, loyalem Wege, ohne daß ein Tropfen Blutes war vergossen worden. Der preußische Staat hatte sich als lebensfähig erwiesen. Er war nach der Art gesunder, terniger, unverdorbener Naturen aus der Feuerprobe der Läuterung und Prüfung erst recht frisch und gediegen hervorgegangen. Für Preußen war in der That die Katastrophe von Jena und Auerstädt ein Glück und Segen gewesen. Ein neuer Geist belebte den ganzen Organismus, ein frischer, stolzer, selbstbewußter Sinn, gehoben durch die feste Hoffnung auf eine bessere Zukunft, ging durch alle Stände, und ein früher nicht empfundenes Gefühl der Einheit und Zusammengehörigkeit, die Ueberzeugung, daß der Einzelne in der Sonderung Nichts vermöge, daß das Wohl des Staates auf dem opferwilligen Zusammenhalten und Zusammwirken aller Stände, auf der Einheit des Hauptes mit den Gliedern beruhe, durchdrang damals die ganze Bevölkerung. Und das Beispiel, welches an der östlichen Grenzmarke gegeben ward, es übte auch auf das übrige Deutschland bei allen edlen Naturen seine anregende, zündende Wirkung aus. Um jene Zeit hielt Fichte unter den Augen der französischen Spione jene begeisternden, von patriotischem Freimuth glühenden Reden an die deutsche Nation, damals erschlossen ein Arnim, Brentano, ein Görres den reichen Schatz der mittelalterlichen Volksdichtung und Sage, während Jakob Grimm den Grund zu seiner deutschen Grammatik legte, damals begann man, die Nibelungen und die Minnesänger, diese Zeugen einer herrlichen Zeit, ans Licht zu ziehen, damit die Gegenwart sich in der Erinnerung an eine schönere Vergangenheit erhebe und feste Hoffnung fasse für die Zukunft. In der That, eine Nation, die politisch, sittlich und geistig solche frische, heilsame Revolution auf friedlichem Wege zu Stande gebracht, durfte hoffen, in nicht zu weiter Ferne das Joch des Korsen abzuschütteln.

Wie aber die Aristokraten Griechenland an die Perser, wie sie Athen an Sparta verrathen, so verriethen die preußischen Aristokraten Preußen an Napoleon. „Man bot, wie Scharnhorst schrieb, Alles auf, Stein zu stürzen." Auf Betreiben der Junkerpartei, dieses „kaum halbdeutschen Adels", der sich empörte bei dem Gedanken, „daß der Adelige ein Mensch sein solle, wie ein anderer", ward Friedrich Wilhelm durch Napoleon gezwungen, den Minister Stein zu entlassen. Doch damit nicht zufrieden, erließ Napoleon bald darauf von Spanien aus eine Achtserklärung gegen ihn. „Ein gewisser Stein, der Unruhen in Deutschland zu erregen sucht, wird hiermit als Feind Frankreichs erklärt; seine Güter sollen eingezogen werden, und man soll sich seiner Person versichern." Stein floh nach Prag. Dort erhielt er folgende Zeilen eines wackern Patrioten. „Sobald ich Sie in Sicherheit wußte, freute ich mich über Ihre Proscription. Die

Schwachmüthigen sind dadurch niedergedonnert, die Bös=
artigen freuen sich darüber; allein alle edlen Herzen
fühlen sich dadurch näher an Sie angeschlossen. Napoleon
hätte für Ihre erweiterte Celebrität nichts Zweckmäßigeres
thun können. Sie gehörten bis jetzt dem preußischen
Staate an, nun aber gehören Sie der ganzen civilisirten
Welt und der Geschichte."

In Oesterreich trat Stein mit dem ihm gleichge=
sinnten Minister Stadion in engste Verbindung und
entwarf mit demselben den großartigen Plan einer
nationalen deutschen Erhebung gegen Napoleon. Und
wenn jemals der Zeitpunkt günstig schien, um das Werk
der Befreiung Deutschlands durch **deutsche** Kräfte,
ohne Beihülfe des Auslandes herbeizuführen, so war es
1809. Spanien hatte sich in offenem, verzweifeltem
Kampfe nicht erfolglos gegen Napoleon erhoben. Durch
die Berge des Tyrolerlandes ging mächtig der Ruf nach
Freiheit. Auch im übrigen Deutschland begann sich die
Volkskraft zu regen. Alles kam auf ein vereinigtes,
einmüthiges Auftreten Oesterreichs und Preußens an.
Luise drang, unterstützt von den Patrioten, in den König,
ein Bündniß mit Oesterreich zu schließen. Vergebens,
die Unschlüssigkeit Friedrich Wilhelms war nicht zu be=
siegen. Es war in der Nähe kein Stein, der mit
dessen rücksichtsloser Entschiedenheit den König mit sich
fortgerissen. Da hallte der Kanonendonner von Aspern
durch ganz Europa wieder. Alles regte sich, Aller Herzen

3*

hoben sich freudig, Alles hoffte, Preußen werde jetzt endlich aus seiner abwartenden Stellung heraustreten, um in Verbindung mit Oesterreich dem Napoleonismus den letzten Stoß zu versetzen. Aber auch jetzt blieben die dringenden Bitten Luisens unerhört. Wollen und Nichtwollen, Halbheit, Schwäche, beklagenswerthe Schwäche war ja damals unsere, von Rußland beeinflußte Staats= maxime, und so mußte Oesterreich, verlassen und preis= gegeben, wieder unter den Schlägen Napoleons bei Wagram verbluten. Der Dualismus der beiden Mächte hatte Deutschland wiederum zu Schanden gebracht.

Napoleon stand jetzt unbestritten auf dem Höhe= punkte seiner Macht in Deutschland. Jede fernere feindliche Regung Oesterreichs glaubte er dadurch am besten zu beseitigen, wenn er sich verwandtschaftlich mit demselben verbände. Franz opferte nicht nur seine Tochter, sondern auch die wackern Tyroler den Franzosen: Der Landwirth von Passeier, dessen Heldenmuth Luisen begeistert, ward erschossen. Um dieselbe Zeit wurde der Kirchenstaat in eine französische Provinz verwan= delt. Den Papst hatte man gefangen genommen, nach Savona geführt und gröblich mißhandelt. Am meisten aber lastete die Wucht des französischen Uebermuths auf Preußen, weil Friedrich Wilhelm auf instän= diges Drängen Luisens dem Rheinbunde nicht beitreten und so den Weg „der Ehre" nicht verlassen wollte. „Nach Eylau hätte er einen vortheilhaften Frieden machen können, aber da hätte er freiwillig mit dem **bösen Prinzip** unterhandeln, sich mit ihm verbinden müssen — jetzt hat er unterhandelt gezwungen durch die Noth und wird sich **nicht** mit ihm verbinden. Das wird Preußen einst Segen bringen. Noch einmal: Diese Handlungsweise des Königs wird Preußen Glück bringen, das ist mein fester Glaube." So hatte sie nach dem Abschluß des Tilsiter Friedens an ihren Vater geschrieben; und an der Ueberzeugung, daß ein Bund Preußens mit dem „Widersacher" ein „Unrecht" und vom Bösen sei, hielt sie unerschütterlich fest. Dafür rächte sich aber auch Napoleon durch immer neue und empfindlichere Demüthigungen. Er war im Frieden noch furchtbarer, als er im Kriege gewesen. Alle Bitten und Anstrengungen, eine Erleichterung der Contribution herbeizuführen, waren vergebens. Die Einnahmen reichten nach Steins Entfernung kaum noch aus, um die Ausgaben zu decken. Ja, der Finanzminister Altenstein rieth dem Könige sogar naiv die Abtretung Schlesiens an. Die Continentalsperre untergrub allen Wohlstand des Bürgerstandes. Der Ackerbau, die Gewerbe lagen darnieder. Das Land konnte den Druck der französischen Einquartierung kaum mehr ertragen. Das gesellschaftliche Leben war überdieß vergiftet und verpestet durch die französischen Späher und Verräther. Am Hofe selbst machte sich eine monströse Reaction immer breiter, sie drang immer mehr auf ein französisches Bündniß, suchte hierin die einzige Ret=

tung. Ein dumpfes, desperates Gefühl war allgemein auf den Gemüthern gelagert; nur wenige Patrioten hofften noch. Das war jene Zeit der „Frechheit und Verwilderung", wie Stein im Frühling 1810 in einer Denkschrift die damalige Stimmung gekennzeichnet.

Solchem Pessimismus, solchem Unglück und Jammer des Landes, solcher Lage der Dinge, wo der König und die königliche Familie jeden Tag gewärtigen mußte, in Gefangenschaft der Franzosen zu gerathen, konnte selbst das starke Herz einer Luise nicht mehr die Spitze bieten. In der That hatte schon der Friede zu Tilsit ihre Gesundheit geknickt. Schon im Frühling 1808 schrieb sie: „Für mein Leben hoffe ich nichts mehr. Ich habe mich ergeben." Jetzt aber, nach solchen Eindrücken und Qualen, nachdem „Oesterreich sein Schwanenlied gesungen", konnte sie, die blühendste und schönste Frau ihrer Zeit, auch in ihrem Aeußern das Gepräge tiefsten Seelenleidens nicht mehr verbergen. „Von äußern Dingen ist es nur die Freundschaft des Königs, sein Zutrauen und seine liebevolle Begegnung, welche mein Glück ausmachen. Der König ist herzlicher und besser, als je für mich — großes Glück und große Belohnung nach einer vierzehnjährigen Ehe." Voll von düstern, bangen Befürchtungen, war sie von dem lieben Königsberg nach Berlin übergesiedelt: „Schwarze Ahnungen ängstigen mich. Immer möchte ich allein hinter meinem Schirmleuchter sitzen, mich meinen Gedanken überlassen." Auch diese Uebersiedelung hatte in

Folge französischer Zumuthung erfolgen müssen. In Berlin befand sich die königliche Familie unmittelbar unter dem politischen und militärischen Drucke der Franzosen. Die damaligen Briefe Luisens bekunden den tiefsten Schmerz über den Gram ihres Mannes, die in Frage gestellte, aussichtslose Zukunft ihrer Kinder, über das Unglück des Landes. Die Wunden des Volkes bluteten furchtbar nach in ihrer Seele. Wie wahr, wie entsetzlich wahr war an dieser Frau geworden, was sie einst in Ortelsburg in ihr Tagebuch geschrieben, jenes Dichterwort aus Wilhelm Meisters Lehrjahren:

"Wer nie sein Brod mit Thränen aß,
Wer nie die kummervollen Nächte
Auf seinem Bette weinend saß,
Der kennt euch nicht, ihr himmlischen Mächte."

Ja, in den himmlischen Mächten fand sie allein noch Trost. "Alles von Dir dort oben, du Vater der Güte! Mein Glaube soll nicht wanken. Wenden wir unsere Blicke zu Gott, der unsere Schicksale lenkt, der uns nie verläßt, wenn wir ihn nicht verlassen! Wir sind kein Spiel des blinden Zufalls, sondern wir stehen in Gottes Hand, und die Vorsehung leitet uns. Ich richte meinen Blick gen Himmel. Nie werde ich ganz unglücklich sein. Wie Gott will, Alles, wie er will!" Aber sie sagte auch: "Ja, ich fühle es immer mehr, es ist aus mit mir. Wen Gott lieb hat in dieser Zeit, den nimmt er zu sich. Mein Reich ist nicht von dieser Welt."

Sie wollte scheiden von dieser Erde, „die nicht ihre Heimath war." Sie schaute deßhalb auch so gerne gegen Himmel: dann bot sie das Bild einer Halbverklärten. Nachdem so Luise mit dem Leben abgerechnet und an ihrem Geburtstage 1810 mit prophetischer Ahnung gesagt: „Ich denke, es wird wol das letzte Mal sein, daß ich meinen Geburtstag hier feiere", hatte sie nur noch einen Wunsch auf Erden, den, nämlich, Ihren Vater vor ihrem Tode noch einmal zu sehen. Sie freute sich kindlich auf diese Reise. In ihrer Wonne und dem Vollgefühle ihrer Glückseligkeit schreibt sie, in Neustrelitz angekommen, auf dem Schreibtisch ihres Vaters die letzten Worte nieder, die sie überhaupt geschrieben, Worte, die sie nicht weniger als Tochter wie als Gattin ehren: „Ich bin heute sehr glücklich als Ihre Tochter und die Frau des besten der Gatten." Inzwischen trifft sie, die trotz ihres leidenden Zustandes noch alle Ereignisse mit lebhaftem Interesse verfolgte, die Kunde, Napoleon habe seinen Bruder, den König von Holland, zur Abdankung gezwungen und Holland gerade in dem Augenblicke dem französischen Reiche einverleibt, als Preußen im Begriffe war, dort eine Anleihe zu erheben. Da hielt auch Luise die Einverleibung Preußens für entschieden. Im Tode noch voll Sorge um Gatte und Kinder, „Bedenken Sie, wenn ich dem Könige und meinen Kindern sterben sollte?", starb sie im wahren Sinne des Wortes mit gebrochenem Herzen: ein polypenartiges Gewächs war tief in ihr Herz gedrungen. Ihre letzten Worte waren: „Herr Jesus, mach' es kurz." —

Der Eindruck, welchen der Tod Luisens, die man allgemein als ein Opfer napoleonischen Uebermuths betrachtete, auf den König und auf das Volk hervorrief, war ein durchaus verschiedener. Friedrich Wilhelm war schon am Krankenbette seiner Frau nahe daran gewesen, einer düstern Verzweiflung zu verfallen und mit seinem bisherigen Glauben an die göttliche Vorsehung zu brechen. „Wenn sie nicht mein wäre, so rief er in der Tiefe seines Schmerzes, als er mit den beiden Söhnen das Sterbebett umstand, so würde sie leben; aber eben weil sie meine Frau ist, darum stirbt sie gewiß." Und wieder sagt er, überwältigt von dem Unglück, das ihn seit Jahren Schlag auf Schlag getroffen: „Bin ich nicht ein sehr unglücklicher Mann?" Als Luise aber gestorben, da hat er im Garten von Charlottenburg das wahrste, am Tiefsten empfundene Wort seines Lebens gesprochen: „Dies ist der härteste Schlag!" Von diesem Schlage hat in der That Friedrich Wilhelm sich nimmer mehr erholen können, nimmer hat er sich mehr so ganz und von Herzen gefreut. Er konnte das Gepräge der Gebrücktheit, der Verlassenheit, einer gewissen gleichgültigen Erstarrung in seiner ganzen Erscheinung nicht mehr verleugnen. Er war in der That der trauernde Ritter, der seine verlorene Geliebte nimmer vergessen konnte. In Folge dieses Seelenzustandes, dieses Mangels an jeglicher Initiative ist auch Manches schonender und milder zu beurtheilen, was er später in seiner Nähe hat geschehen lassen, und wird uns jener Mißbrauch verständlich, den eine weniger volksfreundliche Umgebung später mit dem redlichen Könige getrieben.

Ganz anders war die Wirkung von Luisens Tod auf das Volk. Während derselbe die Ideen der Patrioten läuterte und stärkte, hat er selbst bei denen, welche sich bis dahin gleichgültig oder sogar abwehrend den nationalen Bestrebungen gegenüber verhalten, die deutsche Schmach und Erniedrigung, den Druck des französischen Despotismus zum lebhaften Bewußtsein gebracht. Der Haß gegen Napoleon wurde schärfer und allgemeiner, die Sehnsucht nach Befreiung tiefer und nachhaltiger. Wir sehen seitdem die Gährung in Deutschland einen so bedenklichen Grad erreichen, daß die französische Polizei ihre Anstrengungen bis ins Lächerliche steigern zu müssen glaubte. Besonders ward gegen Buchhandel und periodische Presse gewüthet; heißt es doch, man habe sogar die Lektüre von Vossens Luise verboten, weil man in derselben Anklänge an die Königin Luise gewittert. Bezeichnend aber für die Stimmung gegen Ende von 1811 sind die Geständnisse des leichtsinnigen Jerome von Westphalen: „Die Gährung ist auf dem höchsten Gipfel. Die Verzweiflung der Völker, die Nichts mehr zu verlieren haben, ist zu fürchten." Es war freilich „der Ruin aller Klassen, die Ueberbürdung mit Auflagen,

Kriegssteuern, Unterhaltung der Truppen, Durchmärschen, Quälereien aller Art" kaum mehr zu ertragen. Dazu war noch, um das Maß des Unglücks voll zu machen, ein weit verbreiteter Mißwachs gekommen. Es gehörte die ganze Stärke patriotischen Glaubens dazu, um nicht einer düstern Verzweiflung zu verfallen. Der geniale Heinrich von Kleist, der jenen zornglühenden „Ruf Germanias an ihre Kinder" gedichtet und den letzten Geburtstag Luisens poetisch verherrlicht, brach mit seiner Hoffnung auf die Zukunft des Vaterlandes und nahm sich bei Potsdam das Leben.

Aber gerade in der Zeit, wo durch menschliche Hülfe keine Rettung mehr möglich schien, vertieften sich die gläubigen Naturen immer mehr in die Ueberzeugung, daß nach vollendeter Prüfung und Buße auch die Befreiung von oben kommen werde. Und seltsame, ernste Anzeichen verkündeten den herannahenden Ausbruch des göttlichen Zornes. Ein mächtiger Komet, wie ihn die Welt noch nicht gesehen, mit weitem Schweife wies gegen Nordosten hin. Nicht nur die Masse des Volkes, auch die Gebildeten dachten und sagten: Das hat etwas zu bedeuten; es wird etwas Großes vorgehen in der Welt. Selbst der apathische Goethe ward aufgescheucht von dem gewaltigen Ernste der Zeit. „Kometen winken, die Stund' ist groß." So singt er in „des Epimenides Erwachen." Und wirklich war die Stunde groß. Schon das griechische Alterthum durchbringt der Gedanke, daß die Götter diejenigen Menschen, welche sich in Uebermuth und Ueberhebung gegen sie aufwerfen, welche die Gesetze des Rechtes und der Sitte ihren Mitmenschen gegenüber mit Füßen treten, schließlich der Gesinnung berauben, sie zu Thaten des Wahnwitzes und der Verblendung treiben und so dem Verderben anheimgeben. Die attische Tragödie hat diese religiöse Idee des Alterthums in großartig erschütternder Weise durchgeführt. Unendlich tiefer und die Gemüther durchbringender wurde das Unternehmen Napoleons gegen Rußland von der christlichen Welt damals aufgefaßt. „Ich bin ein römischer Kaiser; ich gehöre zu dem besten Geschlechte der Cäsaren, zu dem, welches schafft und gründet." Mit solchem Kaiserwahnsinn war aber auch in der That Napoleon bis an die äußerste Grenze von der Gottheit geduldet worden. „Napoleon, so schrieb Pozzo di Borgo an Stein, regiert nicht; er spielt auf dem Erdkreise. Mit der Welt zu spielen ist aber nur Gott erlaubt." Als er über Rußland hinweg den Arm seiner Macht, wie ein zweiter Alexander, bis nach dem indischen Ocean ausstrecken wollte, da war für ihn der Anfang vom Ende gekommen. Das Gericht Gottes hatte begonnen.

Und wen finden wir in diesem entscheidenden Momente, wo in der That die Befreiung von Napoleon nur noch durch russische Hülfe nach menschlichem Ermessen zu ermöglichen war, thätig, rastlos thätig, seine ganze geistige Titanenkraft entfaltend, um diese russische

Hülfe unerschütterlich für Deutschland und Preußen fest zu halten und sicher zu stellen, wen sehen wir das ganze Gewicht seiner imponirenden sittlichen Persönlichkeit bei dem Kaiser Alexander in die Wagschale werfen, um diesen weichen und sentimentalen Alexander zu dem entscheidenden Ausspruch zu vermögen: „Napoleon oder ich, ich oder Er? Wir können nicht mehr neben einander regieren."? Es war der Ritter Stein, „dieser schlechte Mensch", wie ihn Napoleon geheißen, der seit dem Tode Luisens der Katastrophe Napoleons mit unerschütterlicher, felsenfester, weil christlich frommer, Zuversicht entgegensah. Wohl mochte es dieser echt germanischen Natur, die sich in einem ausgeprägten nationalen und politischen Gegensatze gegen das Slaventhum befand, schwere Ueberwindung kosten, sich inmitten der Kosaken und Tartaren den Boden allmälig für ihre Pläne zu ebnen; wohl mag sich der Löwe dort mitunter wie in einem Käfig gefühlt haben. Aber Luise hatte gesagt: „Durch Beharrlichkeit kommen wir durch, früh oder spät, davon bin ich überzeugt." Und so gelang es der Steinschen Ausdauer und Beharrlichkeit, alle widerstrebenden Elemente am Petersburger Hofe zu besiegen. Er beseitigte den Einfluß der französischen Partei und bewirkte zunächst die Entfernung des napoleonisch gesinnten Ministers Romanzoff. Und als nach dem Brande von Moskau Napoleon Boten über Boten an den Kaiser sandte, die schmeichelhaftesten Friedensanträge stellte, als der Kaiser, dessen Haar jene

That Rostopschins in einer Nacht gebleicht, von seiner Mutter und seinem Bruder Konstantin gedrängt und bestürmt wurde, die Hand der Versöhnung anzunehmen, da war Steins Nähe eine weltgeschichtliche Fügung, Stein war es, der den Kaiser schließlich mit Unwillen diese Hand zurückweisen und die Vernichtung Napoleons, dieses „dämonischen Herrschers der Finsterniß", zur Aufgabe seines Lebens stellen ließ.

„Der Verlust Moskaus gibt mir Gelegenheit, Europa den größten Beweis meiner Standhaftigkeit zu liefern. Ich wiederhole die feierliche Versicherung, daß ich und die Nation mehr als je entschlossen sind, uns lieber unter den Ruinen des Reiches zu begraben, als mit dem Attila der Neuzeit Frieden zu machen." Auch darf hierbei nicht verschwiegen werden, daß Stein selbst inmitten des autokratischen Rußland seinem männlich offenen, nur der Wahrheit Zeugniß gebenden Character treu geblieben. Weit entfernt, seiner Würde irgend etwas zu vergeben, zu irgend einem Mittel höfischer, unwürdiger Schmeichelei seine Zuflucht zu nehmen, hat jener deutsche Edelmann, welcher mit Fürsten wie mit Seinesgleichen verkehrte, der Kaiserin = Mutter, als diese eine ungünstige Aeußerung über das deutsche Volk hatte fallen lassen, das ernste Wort entgegengehalten: „Ew. Majestät haben sehr Unrecht, Solches auszusprechen über ein so großes, treues und tapferes Volk, welchem anzugehören Sie das Glück haben. Sie hätten sagen sollen: Nicht des deutschen

Volkes schäme ich mich, sondern meiner Herren Brüder, Vettern und Genossen, der deutschen Fürsten. Nicht das Volk war schuld, man wußte es nicht zu gebrauchen. Hätten die deutschen Könige und Fürsten ihre Schuldigkeit gethan, nimmermehr wäre ein Franzose über die Elbe, Oder und Weichsel, geschweige über den Dniestr gekommen." „Sie mögen vielleicht Recht haben, Herr Baron, sagte die Kaiserin. Ich danke Ihnen für die Lection."

In Rußland begann der Stern Napoleons zu sinken. Von Schmach bedeckt, ohne Feldherren, ohne Heer, war er, flüchtig auf einem Schlitten, mit genauer Noth dem Verderben entronnen. „Mit Mann und Roß und Wagen hat sie der Herr geschlagen." Aber dieses Verderben sollte in Deutschland und durch Deutschland vollendet werden. Friedrich Wilhelm der Dritte hatte nach dem Tode Luisens, die ihn allein noch in einem leiblichen Verständnisse der Zeit erhalten, jeden Stützepunkt verloren. Wenn Luise nach dem Tilsiter Frieden in richtiger Würdigung der Lage gesagt: „Er wird sich nicht mit ihm verbinden; diese Handlungsweise wird Preußen Glück bringen, das ist mein fester Glaube;" wenn sie, so lange sie in seiner Nähe geblieben, auch Alles aufgeboten, daß dieses Wort eine Wahrheit blieb, und sie selbst lieber mit „Ehren hatte untergehen und sterben" wollen, als daß Preußen dem Rheinbunde beigetreten und „freiwillig Sklavenketten getragen", so sehen wir bald nachher den armen, geängstigten König, als er, eingeklemmt zwischen zwei Kolosse, gefesselt an Armen und Beinen, befürchten mußte, durch den Zusammenstoß dieser Kolosse jämmerlich erdrückt zu werden, die größten Demüthigungen hinnehmen, um ein Bündniß mit Napoleon fast wie eine Gnade zu erbetteln, wir sehen ihn bei der Zusammenkunft in Dresden, wo Napoleon zum letzten Male seine Vasallen zu sich entbot, in der unwürdigsten Weise vom französischen Uebermuth behandelt und schließlich beim Zuge Napoleons gegen Rußland Heeresfolge leisten. „So ist also Alles vergeblich gewesen, schrieb damals tief erschüttert Gneisenau. Wir haben einen Unterwerfungsvertrag unterzeichnet, welcher Blut und Vermögen des Volkes fremder Willkür preisgibt." Er wird sich nicht mit ihm verbinden", und er, der den Becher des Unglücks bis zur Hefe leeren sollte, hatte sich doch mit ihm verbunden. Und weil das Preußen keine Ehre, keinen Segen brachte, deßhalb gedachte York in der Mühle zu Poscherun jener Worte Luisens: er zerriß, obschon dem „Alten der Kopf auf den Schultern wackelte", das Bündniß mit Frankreich — und ehrte so das Andenken Luisens, deren Hoheit ja auch ihn so „tief ergriffen hatte".

Während der König bei der Kunde von dem, was geschehen, außer sich vor Entsetzen ausrief: „Da möchte einen ja der Schlag rühren", ward durch jene echt deutsche That des Generals im Vertrage zu Tauroggen mit einem Schlage der Bann gelöst, welcher seit Jahren auf den Herzen der Patrioten gelastet, zerstört war der Damm, welcher den Aufschwung der deutschen Nation zurückgehalten. Was der Brand von Moskau begonnen, das hat der Vertrag von Tauroggen zur Vollendung gebracht: die Erhebung der deutschen Volkskraft gegen Napoleon. Ein Sturm der Begeisterung erscholl, als die Kunde von Yorks Uebertritt nach Preußen gelangte. Preußen, dieses Kernland der gewaltigen Herrschaft des deutschen Ordens, das einst fränkische und sächsische Ritter für unser Vaterland erobert, hatte sein deutsches Wesen, die Erinnerung an eine glänzende Geschichte trotz aller Stürme der Zeit treu bewahrt. Noch in den Gesichtern der Enkel, ihrer ganzen Haltung, ihrem entschiedenen Auftreten spiegelte sich ab das Bewußtsein einer großen Vergangenheit, noch in den Enkeln und Urenkeln lag etwas Ritterliches, Festes und Selbstbewußtes. „Ein gewisser Stolz der Männlichkeit und Gradheit, sagt Arndt, eine eigenthümliche Freisinnigkeit, in Antlitz und Rede und in Schritt und Tritt ausgeprägt, tritt uns hier entgegen." Zwar hatte Friedrich der Zweite gegenüber den Märkern und Pommern die ostpreußische Vaterlandsliebe und Tüchtigkeit weniger gewürdigt. Aber dieses Ostpreußen konnte einen Herder und Hamann zu den Seinigen zählen; dort hatte jener Kant, mit dem eine neue Epoche der philosophischen Wissenschaft ihren glänzenden Anfang nimmt, zuerst den kategorischen Imperativ der Pflicht gelehrt. Und wie herrlich, wie opferfreudig hatten die Landsleute Kants ihre patriotische Pflicht geübt, als Preußen bis an den Rand des Abgrundes herabgesunken! Es ist statistisch nachgewiesen, daß Ostpreußen, ein Land, das verhältnißmäßig von Natur nicht reich gesegnet ist und noch nicht eine halbe Million Einwohner zählte, in Zeit von 1807—12 nicht weniger als 77 Millionen Thaler für Kriegscontributionen, Leistungen und Lieferungen aller Art aufgebracht. Ostpreußen war, wie keinem andern deutschen Lande, der Druck des napoleonischen Joches und der französischen Aussaugung fühlbar geworden. Noch auf seinem Zuge gegen Rußland hatte Napoleon mit berechneter Bosheit gerade Ostpreußen die Drangsale der Einquartierung und des Uebermuths empfinden lassen. Aber die Ostpreußen hatten ja auch der königlichen Familie in den Tagen der Verfolgung freudig und stolz eine Stätte der Zuflucht gewährt. Sie hatten vor den Bewohnern der andern Provinzen mit der Familie gelitten, geduldet, den tiefsten Kummer getragen, sie hatten auch die Entsagung, den Edelsinn und die Frauengröße einer Luise am meisten würdigen und bewundern, an dem Beispiel ihrer hohen, frommen Resignation sich am meisten stärken und erheben können. Stein erschien in Königsberg, der preußische Landtag ward versammelt, eine allgemeine Bewaffnung beschlossen und damit Napoleon der Fehdehandschuh hingeworfen: Der

Würfel war gefallen. Und das Alles that die Provinz aus selbsteigener, patriotischer Begeisterung, mit Hülfe ihrer gesetzlichen und ständischen Organe, in loyalster Weise, wenn auch ohne und sogar gegen den Willen des Königs. Dort in Königsberg hat zuerst das Herz Deutschlands wieder voll und freudig geschlagen, von dort aus erscholl zuerst der Ruf nach Einführung der Land= wehr, dort schöpfte auch Arndt die Idee zu seinem Vater= landsliebe, einem Liede, dessen bleibender Werth vor Allem darauf beruht, daß es dem deutschen Volksbewußtsein jener Zeit einen so schönen, schwungvollen Ausdruck ver= liehen. Der Mittelpunkt aber und die Seele der groß= artigen, national patriotischen Erhebung in Preußen war Scharnhorsts würdige Tochter, die Gräfin Julie von Dohna. Ueberhaupt standen damals die Dohnas, die Auerswalds und Schöns an der Spitze der ganzen Be= wegung. Der Adel hat 1813 wieder glänzend vergessen machen, was er 1806 gegen das Vaterland gesündigt. Es ist heute allgemein anerkannt: die nationale Erhebung des Jahres 1813 ist vor Allen eine That der ostpreu= ßischen Deutschen gewesen. Sie haben vor allen übrigen Deutschen das Bewußtsein eines deutschen Patriotismus zunächst und am lebendigsten empfunden und dem übrigen Vaterlande wieder mitgetheilt. Denn gestehen wir es unumwunden, die geschichtliche Gerechtigkeit nöthigt dazu: im südlichen und westlichen Deutschland war in damaliger Zeit kaum ein Nationalgefühl vorhanden. Selbst große

4*

Dichter und Denker glaubten, Patriotismus sei eine Beschränktheit, und die Menschheit nur zu einem humanen Weltbürgerthum geboren. Und wenn Napoleon und seine Franzosen den deutschen Namen gründlich verachteten, so hatten die Deutschen, wie sie ihm besonders in den Rheinbundstaaten und am Rheine, in Palast und in Hütte, entgegentraten, diese Verachtung in vollem Maße verdient. Während, mit fast einziger, wohlthuender Ausnahme des Weimarer Hofes, die Fürsten, diese „kleinen Tyrannen", wie Stein sie genannt, sich zu den niedrigsten Schmeicheleien herabwürdigten, konnte auch das schon seit den Zeiten des dreißigjährigen Krieges national demoralisirte und französirte Volk ihm keine Hochachtung abzwingen. Zwiespalt, Zersplitterung, Eifersucht der Fürsten, Entfremdung der Völker, die Erschlaffung des vaterländischen Geistes, das sind nach Fichte die Zerstörer Deutschlands gewesen. Denn in der That: an Freud und Leid, an Glück und Unglück erhält jedes Volk so viel, als es verdient. Das war eben der Fluch der deutschen Vielstaaterei gewesen, daß schon seit Ludwig dem Vierzehnten die Fürsten des heiligen römischen Reiches deutscher Nation, von dem schon Molière sagte, daß es weder heilig, noch römisch, noch ein Reich sei, in der Anlehnung an Frankreich ihr souveraines Interesse gesucht und gefunden hatten; während wir freilich im erfreulichen Gegensatze hierzu die Hohenzollern seit dem großen Kurfürsten eine mehr nationale, antifranzösische Politik verfolgen sehen.

In den aus den verschiedensten Nationen zusammengesetzten Heeren Napoleons zeichneten sich gerade die Truppen der Rheinbundstaaten, und besonders die Würtemberger, Hessen und die Baiern, ebenso durch servile, bonapartistische Gesinnung wie durch Roheit und Grausamkeit gegen die übrigen Deutschen aus, und leisteten in dieser Hinsicht fast noch mehr, als die französischen Affen und Tiger, wie Voltaire die Doppelnatur seiner Landsleute treffend gekennzeichnet. „Die schmählichsten Gräuel in diesem Kriege (1807), sagt Holtei, sind von Deutschen gegen Deutsche verübt worden. Deutsche waren es, welche Grüfte aufbrachen, Deutsche, die mit Gewalt und durch Martern den armen Landleuten abzuzwingen suchten, was diese selbst längst nicht mehr hatten. Die deutschen Bundesgenossen der Franzosen quälten ihre deutschen Brüder bis aufs Blut. Sie machten sich eine Ehre und Freude daraus." Hier am Rheine aber herrschte zur Zeit der Befreiungskriege, abgesehen von den patriotischen Bestrebungen einzelner Männer, wie eines Görres, in der Masse des Volkes eine matte, jedes höheren, idealen Aufschwunges baare, frivole oder sogar napoleonische Gesinnung und Stimmung. „Ich weiß, so heißt es in einem Briefe aus jener Zeit an Sulpiz Boisserée, wo man das Bildniß Napoleons aufgestellt und Lichter angezündet hat, wie vor dem Venerabile. Man zog mit Drehorgeln durch die Stadt, singend: Es lebe Napoleon! Den französisch Gesinnten schlägt das Herz bis an den Hals." —

Von Ostpreußen wälzte sich der Strom nationaler Begeisterung zunächst nach den Marken und nach Schlesien. Die Zeit drängte, jede Verzögerung war vom Bösen. Noch immer verharrte der König in dem Zustande grausamer Unschlüssigkeit und einer gewissen Betäubung, noch immer hatte er das Verständniß der großen, unaufhaltsamen Bewegung nicht gewonnen, welche alle Stände seines Volkes in tiefster Seele durchdrungen, und von welcher auch er selbst bald wider Willen fortgerissen werden sollte. Scharnhorst, welcher, wie Gneisenau, im tiefsten Unwillen ein Jahr vorher den preußischen Dienst verlassen, weil er es unter seiner Würde gehalten, einem mit Frankreich verbundenen Preußen zu dienen, trat wieder an den König heran; und Stein, wiewohl fieberkrank und an starkem Podagra leidend, eilte im strengsten Winter von Kalisch nach Breslau, um, koste es, was es wolle, den Bund Friedrich Wilhelms mit Alexander zur Vernichtung Napoleons zu Stande zu bringen. In einem elenden Dachstübchen des Wirthshauses zum Szepter muß der kranke Geächtete, „der höchst unwillkommene Bote", sein Unterkommen suchen. Man meidet ihn, wie eine Pest, und verräth seinen Aufenthalt dem französischen Gesandten. Aber es steigert sich unsere Verehrung und Bewunderung des wahrhaft großen, von Gott geschaffenen Mannes, wenn wir ihn in Breslau die edelste Selbstverleugnung entfalten, alle Zurücksetzung und Antipathie ertragen sehen, um schließlich den König wieder in die

Bahnen der Politik zu lenken, die Luise immer für die allein für Preußen ehrenhafte und ersprießliche gehalten hatte. Stein siegte auch hier durch Beharrlichkeit. Es erschien von Breslau aus endlich jener denkwürdige Aufruf „An mein Volk", nachdem der König kurz vorher, und zwar bezeichnend am Geburtstage Luisens, den sinnreichen Orden des eisernen Kreuzes gestiftet. Nie in Deutschland hatte man in so vertrauensvoller, so warmer Sprache zum Volke geredet, wie damals, nie hatte ein Fürst seine Sache so zur Sache seines Volkes gemacht, wie Friedrich Wilhelm der Dritte; und nie hat ein Volk das Vertrauen seines Königs dankbarer vergolten, nie so freudig und so opfermuthig Leib und Leben für seine Herrscherfamilie hingegeben, nie so berechtigten Anspruch auf die Dankbarkeit derselben sich erworben, wie das preußische Volk im Jahre 1813. Denn „Für seinen König muß das Volk sich opfern, Das ist das Schicksal und Gesetz der Welt. Nichtswürdig ist die Nation, die nicht Ihr Alles freudig setzt an ihre Ehre." Damals ist ein nationales Heer geschaffen worden, wie die Weltgeschichte bis dahin ein solches nicht gesehen. Napoleons Stunde hatte geschlagen, als das deutsche Volk sich in seinem tiefsten Herzen gegen ihn erhoben. Wohl hatte es ihm gelingen können, die Fürsten zu gewinnen, zu seinen Satrapen herabzuwürdigen. Aber das deutsche Volk hatte in seinem edelsten Kerne seit der Schmach von Tilsit im Stillen sich geläutert, vorbereitet und emporgerichtet, um die unheilvolle Gewalt des Imperators wieder zu zerstören. „Das Volk steht auf, der Sturm bricht los."

Da schwand nun aller Unterschied des Alters und der Stände. Greise und Jünglinge, Adelige und Bürgerliche, Gelehrte und Nichtgelehrte, Reiche und Arme, Alles folgte begeistert dem Rufe zu den Waffen. Studenten verließen die Hörsäle, Primaner und Sekundaner die Schulen. Alle waren getragen von dem Gedanken der Befreiung des Vaterlandes. Man fühlte sich einig und eins im Wollen und Streben, wie das noch nie geschehen. Vor Allen aber nahm das weibliche Geschlecht an der Sache der deutschen Freiheit den feuerigsten und edelsten Antheil. Dieses war freilich auch am meisten von den Fremden in seinem Wesen und seiner Würde verkannt und beleidigt worden, dem Zartgefühl und Gemüthe der Frauen hatte sich auch am tiefsten und schmerzlichsten das Bewußtsein der fremden Schmach mitgetheilt und aufgedrückt. Waren früher schon in Spanien die Frauen, in patriotischem Fanatismus, als Rächer ihrer Ehre aufgetreten, so ermahnten jetzt deutsche Frauen ihre Männer, Mütter ihre Söhne, Schwestern ihre Brüder, die Braut den Bräutigam, das Leben freudig zu opfern, um deutsche Sitte wieder in ihre Rechte einzusetzen. „O, mächtig ist der Trieb des Vaterlandes!" Junge Mädchen, von makellosem Rufe, erhoben sich über die Schranken ihrer weiblichen Stellung und griffen zur Büchse und zum Säbel. „Steh' auf Johanna! Laß die Heerde! Dich ruft der Herr zu einem anderen Geschäft. Nimm diese Fahne! Dieses Schwert umgürte Dir! Damit vertilge meines Volkes Feinde!" Damals hielt Schleiermacher beim Auszuge der Freiwilligen aus Berlin jene herrliche Ansprache an deren versammelte Mütter. Er pries sie glücklich, weil sie solche Söhne geboren. Da weinten und schluchzten diese Mütter zwar, aber sie waren glückselig. Und als die Berliner Freiwilligen bald nach dem Aufruf vom 3. Februar, jubelnd und von heiligem Eifer beseelt, durch die Straßen von Breslau zogen, da nahm Scharnhorst den König, welcher noch immer nicht an die Begeisterung seines Volkes glauben mochte, ans Fenster. „Glauben nun Ew. Majestät an die Wirksamkeit des Aufrufs?" Der König, in seiner Seele mächtig ergriffen, schwieg, heiße Thränen entströmten seinem Antlitze: es war die beredteste Antwort.

Als es nun aber galt, dieses todesmuthige Heer mit dem Nöthigen zu versehen und es zur Ausrüstung desselben der ganzen Opferwilligkeit und Hingebung des in seinem materiellen Wohlstande tief zerrütteten Volkes bedurfte, als man das Theuerste, das Letzte auf den Altar des Vaterlandes niederlegen sollte, da sind es wieder vor Allen Frauen und Jungfrauen gewesen, welche den ganzen Ernst ihrer patriotischen Gesinnung und die ganze Tiefe eines deutschen Gemüthes bekundeten. „Auch wir Frauen müssen mitwirken, die Siege befördern helfen, auch wir müssen uns mit den Männern und Jünglingen einen zur Rettung des Vaterlandes." Auf Anregung der königlichen Prinzessinnen traten allenthalben Frauenvereine zur Unterstützung und zur Pflege der Krieger ins Leben. Das goldene und silberne Hausgeräth, die Ohrgehänge, die Trauringe, Alles wurde dargebracht. Die jugendlich schöne Ferdinande von Schmettau opferte freudig ihr goldenes Lockenhaar, um es als patriotische Gabe verwerthen zu lassen; Dienstmädchen schenkten ihre Nadelbüchsen und Medaillen, und eine arme Tagelöhnerin, deren Namen die Geschichte leider nicht verzeichnet, gab das einzige Leintuch her, das sie besaß, damit es als Verbandzeug diene. Man eilte in die Lazarethe, übte tröstend und helfend die Werke christlicher Nächstenliebe, und manche zarte Jungfrau ward in jener Zeit ein Opfer des vergifteten Pesthauches in den Spitälern. Ehrwürdig mit Recht hat man die Frauen jener Zeit genannt; und hochgesinnte Frauen konnten es damals nicht tief genug beklagen, wie unser Seher Schiller es nicht mehr erlebt, daß die herrlichen patriotischen Ideen seines Wilhelm Tell zur Wahrheit geworden. „Mach' deine Rechnung mit dem Himmel, Vogt! Fort mußt du, deine Uhr ist abgelaufen". Und der Gefühle, welche Aller Herzen bewegten, bemächtigte sich auch die Poesie. Und wenn Tiefe der Empfindung, Reinheit und Zartheit der Gesinnung, Wärme und Begeisterung in Inhalt wie in Form, feuriges Erfassen der herrschenden Ideen der Zeit die wesentlichsten Erfordernisse der lyrischen Dicht=

kunst sind, dann können wir Deutsche stolz auf die damaligen Schöpfungen eines Arndt, Körner und Schenkendorf sein, dann darf sich die damalige deutsche Poesie dem Schönsten aller Zeiten kühn an die Seite stellen. Neben dem reinen, sittlichen Charakter aber hat die Bewegung von 1813 auch ein tief religiöses Gepräge; und diese höhere, religiöse Weihe ist ruhig, sicher und selbstbewußt, sie ist, im Gegensatze zu der spanischen Erhebung gegen Napoleon, frei von allem Fanatischen und Kanibalischen. Keine grausame, unchristliche Rache, keine Sizilianische Vesper hat die Bewegung von 1813 entheiligt. Es ist der Drang nach dem Höheren, Bleibenden, Ewigen, der die Massen bewegt, es ist die Ueberzeugung, daß dem jammervollen, kaum mehr erträglichen Dasein der Menschen hienieden eine bessere Zukunft folgt, daß auf dieser bessern Zukunft die Bestimmung des Menschen beruht, die Ueberzeugung, daß ohne Recht und Sitte keine gesellschaftliche noch staatliche Ordnung möglich ist, kurz, daß man in der Vernichtung Napoleons einen frechen Angreifer der göttlichen Weltordnung unschädlich mache. Es war in der That das Wort des römischen Dichters damals in deutschen Seelen zur Wahrheit geworden: Est deus in nobis, agitante calescimus illo. Es war ein frommer, religiöser, alles Bestialischen entkleideter Krieg, man zog mit heiligem Feuer in denselben, wie in den Gottesdienst. „Auch wir, sagt Schleiermacher, die Verkündiger des Friedens, haben an heiliger Stätte zum Kriege, zum Kampf auf

Leben und Tod aufgerufen". Aber auch das ist bei jenem Kriege nicht hoch genug zu würdigen, daß er nichts Konfessionelles an sich trug. Zum ersten Male wieder seit drei Jahrhunderten beklagenswerther confessioneller Entfremdung sahen sich die Deutschen in der Tiefe, dem Wesentlichen ihres christlichen Bewußtseins da geeinigt, wo es galt, dieses Christenthum überhaupt gegen eine modern-römische Vernichtung zu schützen; und die katholische Kirche zu Marienburg war Allen voran die erste Geberin, welche ihr silbernes Kirchengeräth diesem heiligen Kampfe zum Opfer brachte. Ein Frühlingswehen ging durch Aller Herzen, eine fromme Andachtsschauer wallte auf und nieder, und Millionen stimmten in die frohe Botschaft ein: Nun muß sich Alles, Alles wenden.

Wer trat nun aber an die Spitze dieser Erhebung, um die begeisterte Masse, in welcher die Sage ging, Luise lebe noch, zum Kampfe und Siege zu führen? Wer war der Feldherr, in welchem sich die Ideen des ganzen Heeres bis zur höchsten Vollendung verkörperten? Wen können wir so recht als den Typus und Träger der durch und durch volksthümlichen Bewegung von 1813—15 betrachten? Es ist der Marschall Vorwärts. Blücher, den ein Engländer nicht unpassend einen ungeschliffenen Diamanten genannt, war gleich seinem Freunde Stein eine echt germanische Natur. Er theilte mit Stein die Entschiedenheit in der Durchführung dessen, was er mit seinem richtigen Blick einmal als wahr und ersprießlich erkannt hatte, und war gleich ihm, wie

Scharnhorst sagte, frei von aller Menschenfurcht. Bescheiden, neidlos und das Verdienst Anderer freudig anerkennend, besaß Blücher, trotz seiner etwas eckigen und derben Außenseite, eine äußerst zarte, fast poetische Stimmung des Gemüthes. Frauenmilde und Frauenhoheit übte auf ihn eine zündende Wirkung, und im Umgange mit edlen Frauen entfaltete er eine seltene Feinheit der Empfindung. So hatte auch die Königin Luise, die ja Alles, was ihr näher trat, entzückte und feenartig bezauberte, unsern Blücher mit Begeisterung erfüllt. Aber auch auf sie selbst konnte das offene, biedere, echt deutsche Auftreten des wackern Husarengenerals, im Gegensatze zu der schleichenden und kriechenden Adelskoterie, welche den Berliner Hof umlagerte, einen frischen, wohlthuenden Eindruck nicht verfehlen. Sie, die muntere Tänzerin, hatte deßhalb auch in besseren Tagen bei Hoffesten am liebsten mit Blücher den zierlichen Reigen geschwungen. Auf ihren Landsmann war Luisens hoffendes Auge schon vor der Katastrophe von 1806 gerichtet gewesen. Blücher schien ihr der Mann zu sein, welcher unter den damaligen Generalen allein im Stande sei, den Franzosen die Spitze zu bieten. In gleich ernster Weise, wie Stein, hatte sich damals auch Blücher über die innere Fäulniß der preußischen Verwaltung ausgesprochen. Nach der Schlacht bei Jena aber, als in Folge der kriegerischen Ereignisse Luisens gewohnte Correspondenz mit ihrem Vater unterbrochen gewesen, da freute sie sich, gerade

Blücher bei dessen Abgange nach Pommern die Vermittelung eines Briefes an ihren Vater anzuvertrauen. „Die Sendung des vortrefflichen Blücher, schreibt sie, belebt mit neuen Hoffnungen. Ich bin es überzeugt, es wird noch einmal Alles gut gehn. Nur durch Beharrlichkeit wird man siegen." Mit Luise verband auch Blücher damals seine Bitten an Stein, als auf diesen Mann die letzte Hoffnung aller Patrioten gerichtet war. Und als Stein nicht gezögert, diesem Rufe zu folgen, da besuchte er, ehe er in Memel eintraf, zuvor in Treptow seinen Freund Blücher, um an ihm und durch ihn für das große Werk, das man in seine Hand gelegt, sich zu erfrischen und zu stärken.

Seit der Begegnung Luisens mit Napoleon und seit dem Tilsiter Frieden war auch bei Blücher ein entscheidender Wendepunkt in der Beurtheilung Napoleons eingetreten. An die Stelle der Würdigung von dem Geistes- und Feldherrn-Genie des „großen Mannes", welcher auch er Ausdruck gegeben, war die tiefste Verachtung von dessen sittlichen Prinzipien getreten. Auch Blücher war jetzt zur vollen Erkenntniß des Napoleonischen Dämonismus gelangt. Seine patriotische Entrüstung über die Schmach von Tilsit, über den Uebermuth, den Napoleon Luisen gegenüber an den Tag gelegt, entwickelte sich nach und nach zu einem grenzenlosen, unauslöschlichen Hasse gegen Napoleon, einem Hasse, in dem er vielleicht sogar den Ritter Stein übertroffen. Der alte

Mann ward wie wahnsinnig, polterte und raste unaufhaltsam in seiner soldatischen Manier, zum Schrecken seiner Umgebung. Mit dem bloßen Säbel hat er damals, wie die Sage geht, nach den Fliegen in seinem Zimmer gehauen und gestochen, vermeinend, er habe es mit dem Fliegengott, dem Belzebub, dem Bonaparte zu thun. Und dort in Pommern fiel aus Blüchers Munde zuerst das prophetische, für Napoleon so verhängnißvolle Wort: „Der Bonaparte muß herunter! Ich werde dabei schon mithelfen. Bevor das gethan ist, sterb' ich nicht. Herunter muß er!" Und als 1809 alle Patrioten rangen, hofften und harrten und auf Preußen sahen, da war es Blücher, welcher mit Luisen den König bestürmte, sich mit Oesterreich gegen Napoleon zu verbinden. Als aber die von ihm fast bis zur Anbetung verehrte Luise ein Opfer der Fremdherrschaft geworden, und Blücher das Urtheil seiner Zeitgenossen über die patriotische Dulderin in den wenigen Worten zusammenfaßte: „Unsere Heilige ist im Himmel", da durchdrang ihn zugleich immer mehr und immer tiefer der Gedanke, er sei von der göttlichen Vorsehung berufen, der Rächer derselben auf Erden zu werden. Jetzt rief der Alte immer wieder und immer wieder: „Herunter muß der Kerl von seinem Thron, Gott straf' mir!"

Auch Blücher mußte, als nicht lange nach dem Tode Luisens Preußen zu den Füßen Napoleons lag, auf napoleonisches Andringen von seinem Kommando zurücktreten. Nun kam aber das Jahr 1813, wo er seinen langgenährten, unbeschreiblich tief gewurzelten Haß zum Heile Deutschlands endlich sättigen sollte. „De old Blüchert" ward durch die Stimme des ganzen Volkes an die Spitze der kriegerischen Erhebung gegen Napoleon berufen. Was Freund Stein mit dem Genie eines echt deutschen Staatsmannes unermüdlich, unverdrossen vorbereitet, das sollte jetzt Blüchers Schwert zur Vollendung bringen. Hinter dem Staatsmann Stein stand jetzt der Feldherr Blücher. Zwar war Blücher kein großer Theoretiker. Aber er besaß das, was damals allein die kriegerische Begeisterung erhalten und zum Ziele führen konnte, das war die hinreißende Macht des redlichen Willens, des Gemüthes, die allein wirklich Großes zu schaffen und für die Dauer ein Volksheer, und das war das Herr von 1813 im vollsten Sinne des Wortes, zu elektrisiren im Stande ist. Er besaß, wie man mit Recht erkannt, jenen Feldherrninstinkt, der damals allein zum Siege führen konnte. Und mit Hülfe dieses Feldherrninstinkts hat von allen damaligen Generalen der Verbündeten keiner ein so richtiges Verständniß des Trachenberger Feldzugplanes in sich aufgenommen, wie er. Die Soldaten verehrten ihn, den gemüthlichen, biedern Alten, wie ihren Vater. Blücher ist seit Friedrich dem Zweiten nicht nur der größte Feldherr Deutschlands gewesen, sondern auch der populärste. Die Schlesische Armee, an beren Spitze er stand, war das rastlos treibende Element, die schnellende Springfeder im ganzen Heere der Verbündeten.

Die schlesische Armee hat zuerst die Franzosen erfolgreich an der Katzbach geschlagen, sie hat auch den glänzendsten Antheil an den Tagen von Leipzig gehabt. Das wußte auch Kaiser Alexander, als er auf dem Marktplatz zu Leipzig unsern Blücher umarmte und als „den Befreier Deutschlands" begrüßte. Aber mit dem Siege von Leipzig glaubte Blücher die Aufgabe seines Lebens keineswegs gelöst. Mit der Schneide des Schwertes zerhieb er weiter den Knoten, den ängstliche oder gewissenlose Diplomaten, vor Allen der undeutsche Metternich, hatten schürzen wollen, jener Metternich, der in den Männern von 1813 nur deutsche Jakobiner sah. „Der Metternich, der Millionenhund, der Schuft, welcher gehenkt zu werden verdient, möchte den Bonaparte salviren. Alle Donnerwetter über den Schuft und seine Mitschufte von Diplomatikern! Wir können den Bonaparte zerdrücken, wenn wir frisch vorwärts gehen. Und was ist das für ein infam verrätherisches Gewäsche von den natürlichen Grenzen Frankreichs? Das linke Rheinufer den Welschen lassen! Niederträchtig, ganz diplomatisch niederträchtig! Rasend könnte man drob werden. Aber ich will Ihnen sagen, um was es sich handelt bei all dem diplomatischen Gethue und Getuschel. Die lieben Franzosen mitsammt ihrem Bonaparte will man schonen und Preußen und das deutsche Vaterland um die gerechte Rache und um gerechten Ersatz für ihre Leiden und Anstrengungen prellen, das ists, Schockschwerenoth!

Aber das Schelmenstücklein, welches der Metternich ein=
gefädelt, soll nicht zu Ende gespielt werden, Gott ver=
damm' mir! Wollen auch ein Wort dazu sagen, wir
Andern, wir Leute von der Katzbach, von Wartenburg,
von Großbeeren, Dennewitz und Moeckern, und thun's
Worte nicht, so sollen die Säbel sprechen. Nach Paris wollen
wir und mit dem Bonaparte ein Ende machen und wir
werden es thun, dem Metternich zum Trotz und Tort.
Das sagen Sie ihm und allen seinen Mitjudassen." Und
wieder donnerte der Alte, als das „jeder Viehvolkh von
Diplomahtiker," ihn in Frankreich aufhalten wollte: „Nach
Paris wollen wir und müssen wir. Der Metternich mag
spiegelfechten, wie er will, und seine Mitschubiaks von
Diplomatikern mögen sich darob vor Aerger die Nasen
abbeißen, schab't nischt, Millionen Donnerwetter! Mögen
mitsammen plauschen und munkeln da drüben in Chatillon,
die Schleicher und Federfuchser, — schade nur für jeden
Tropfen Burgunder, den die Kerle zu saufen kriegen —
wir wollen alleweile weiter vorwärts und nach Paris.
Das sagen Sie nur meinem guten Waffenbruder Schwarzen=
berg, und ich lasse mir schön empfehlen und er solle sich
von dem Millionenhund, dem Metternich, nicht breit=
schlegen lassen. Der Bonaparte hat in allen Haupt=
städten seine Visite gemacht. Wir wollen ihm die Visite
heimgeben, daß es 'ne Art hat. Ich sag', herunter muß
der Kerl von seinem Thron, auf dem er zum Unglück
Europas gesessen, herunter, Gott straf' mir! Denn so

lang er droben sitzt, können wir keine Freiheit und keinen Frieden nicht bekommen. Dixi et salvi anima meus, wie der Lateiner sagt." Blücher verfolgte den „Schwere=nothskerl von Bonaparte" bis in das Herz seines Landes. Und erst als die Preußen unter der Führung ihres an einem schweren Augenübel leidenden greisen Helden auf der Höhe des Montmartre ihre Kanonen aufpflanzten, und das „Babel" des übermüthigen Cäsaren im Glanze der Abendsonne zu ihren Füßen lag, da mochte der Alte sich sagen: Luise ist gerächt, und er trat vom Heeresbefehl zurück. Aber noch war Luise nicht ganz gerächt, noch hatte Blücher seinen Beruf nicht erfüllt. „Das Stück ist noch nicht zu Ende; wir werden wiederkommen. Wenn ich den Bonaparte kriege, laß' ich ihn aushauen." Hatte sein Haß, seine Rache Napoleon aus Deutschland, aus Frankreich nach Elba vertrieben, so sollte er ihn bald noch weiter bis nach dem öden Eilande von St. Helena jagen, damit die christliche Welt für immer von dem heidnischen Dämonen befreit werde. Wir finden unsern Blücher bei Waterloo wieder den „Riesenkampf" gegen Napoleon entscheiden. Als die Engländer harrten und Wellingtons ganze Hoffnung und Sehnsucht auf das Erscheinen der Preußen gerichtet war, „Ich wollte die Nacht käme oder der Blücher," da schwingt sich der weiße Jüngling vom Krankenbett auf das Schlachtroß, er er=muntert seine Preußen, unbeschreibliche, übermenschliche Hindernisse zu überwinden, er hält ihnen jenen denk=

würdigen Worte im Sinne Luisens entgegen: „Ich sag', 's muß gehen, Kinder. Denn der Bonaparte muß herunter". „Vivat de old Blüchert" riefen die Braven, und der Bonaparte kam herunter. Mantel, Degen und Hut Napoleons geriethen in die Hände des Siegers. Wie ein flüchtiges Wild trieb ihn Blücher vor sich her und schlug endlich in St. Cloud, dem Lieblings=schlosse Napoleons, sein Hauptquartier auf, jenem St. Cloud, von wo Napoleon so oft Worte der Kränkung, des Uebermuths und der Unterdrückung nach Berlin ge=sendet. Nach solchen Thaten durfte unser Blücher mit einem stolzen Hochgefühl, aber einem Hochgefühl, welches der edelsten Empfindung entsprungen war, an Stein die Worte schreiben: „Ich hoffe, mein verehrter Freund, Sie sind von mich zufrieden. Ich sehne mich nach Ruhe." Seine providentielle Sendung war erfüllt: „Ich bin am Abend meines Lebens und fürchte die Nacht nicht."

  In Harren und Knarren,
  In Sturz und Sieg,
  Bewußt und groß,
  So riß er Uns
  Vom Feinde los.

Zur Wahrheit war geworden, was Luise einst mit divinatorischem Geiste vorausgesagt: Der Napoleonismus, diese Bahnung des Weges zu einem besseren Ziele, war von kurzer Dauer gewesen. Durch Deutschland war Europa gefallen, in Deutschland war das Verderben

Europas vollendet worden, von Deutschland ging auch das Werk der Befreiung aus, die Wiederherstellung der christlich=europäischen Cultur. Und darin liegt eben die welthistorische Bedeutung der Königin Luise, daß sie die Trägerin des christlich=germanischen Gegensatzes ist gegen den heidnisch=römischen Despoten, jenen Despoten, welcher in seiner Verblendung sogar das geschichtliche Dasein unsers Welterlösers dem Dichter Wieland gegenüber in Zweifel gezogen.

Wir aber, die wir unter einem Fürsten leben, Der Seinerseits das Mögliche gethan, um den Wunsch Seiner Mutter zur Verwirklichung zu bringen, jenen Wunsch: „Möge die Nachwelt sagen, sie gab Kindern das Dasein, welche besserer Zeiten würdig waren, sie herbeizuführen gestrebt und endlich sie errungen haben," wir wollen uns oft und gerne im Geiste versetzen nach Charlottenburg, in jenen traulich stillen Tannenhain. An dieser Weihestätte, wo dankbar die Kunst Luisens Andenken verewigt, wollen wir uns erbauen in der Erinnerung an eine liebende Gattin, eine vortreffliche Mutter, eine christlich= deutsche Königin, in der Erinnerung an jene Männer, welche durch sie zu großen Thaten sich haben erwärmen und begeistern lassen, in der Erinnerung an jene herrliche Zeit, welche das schönste Blatt in unserer vaterländischen Geschichte immerdar verbleiben wird. Dort lassen wir uns erheben über so manches Unwürdige, wie es uns im Kleinen und Großen, im privaten wie öffentlichen

Leben entmuthigend will entgegentreten; dort lassen wir jene Wahrheit recht tief unser Bewußtsein durchdringen, daß im Leben der einzelnen Menschen wie ganzer Völker ein sittlicher Character unendlich schwerer wiegt, als noch so viel Wissen und Können, und daß die Ideen des Rechtes und der Freiheit schließlich den Sieg erringen über alle absolutistischen, weil undeutschen und unchristlichen, Bestrebungen. In dieser Betrachtung dürfen wir der Zukunft unsers Vaterlandes vertrauensvoll entgegensehen. Während wir rings um uns herum nur auf Sand und Felsen stoßen, ist in Preußen ein guter, wohl bestellter Boden, ein Boden, welcher die fruchtbarsten Keime für eine einheitliche, national deutsche Entwicklung in sich birgt. Ja, und in dieser Ueberzeugung wollen wir uns patriotisch erheben, kommen muß und wird die Zeit, wo der Adler der Hohenzollern stolz und mächtig seine Schwingen tragen wird von der Weichsel bis zum Quellgebiet des Rheines, vom Belt bis zur Adria:

Das ganze Deutschland soll es sein.